Ricardo Montes Pérez

# La indiferencia Neoliberal, una reflexión ética

Ricardo Montes Pérez

# La indiferencia Neoliberal, una reflexión ética

## Solidaridad e indiferencia

CREDO EDICIONES

**Imprint**
Any brand names and product names mentioned in this book are subject to trademark, brand or patent protection and are trademarks or registered trademarks of their respective holders. The use of brand names, product names, common names, trade names, product descriptions etc. even without a particular marking in this work is in no way to be construed to mean that such names may be regarded as unrestricted in respect of trademark and brand protection legislation and could thus be used by anyone.

Cover image: www.ingimage.com

Publisher:
CREDO EDICIONES
is a trademark of
International Book Market Service Ltd., member of OmniScriptum Publishing Group
17 Meldrum Street, Beau Bassin 71504, Mauritius

Printed at: see last page
**ISBN: 978-620-2-47830-4**

*"HOY, PENSANDO EN EL BIEN COMÚN, NECESITAMOS IMPERIOSAMENTE QUE LA POLÍTICA Y LA ECONOMÍA, EN DIÁLOGO, SE COLOQUEN DECIDIDAMENTE AL SERVICIO DE LA VIDA, ESPECIALMENTE DE LA VIDA HUMANA."*

***FRANCISCO, LAUDATO SÍ, Nº 189.***

***A TODOS AQUELLOS QUE VIVEN***

***LA SOLIDARIDAD EN UN MUNDO INSOLIDARIO***

# Introducción

"Te despiertas por la mañana, respiras la primera bocanada de aire, y ya estás comprometido"

*"Ningún hombre es una isla en sí mismo, cada hombre es parte del todo... La muerte (y la pobreza) de cualquier hombre me afecta, porque soy parte de la humanidad; por eso, nunca preguntes por quién doblan las campanas; lo hacen por ti"*

¿Es posible hablar de solidaridad en un mundo poco solidario? ¿Tiene sentido seguir oponiendo a las realidades de injusticia, indiferencia, egoísmo, la solidaridad como solución? ¿Los rostros de millones de personas, a quienes les falta lo mínimo para sobrevivir, puede ser la motivación necesaria para hacernos responsables de este dolor? ¿El egoísmo individualista, propiciado por una ideología economicista, puede llevarnos a recuperar los espacios de encuentro y colaboración mutua que necesitamos para reconocernos miembros de una gran familia; la familia humana? Los datos estadísticos son patéticos y no podemos abstraernos de ellos; se hace urgente propiciar una nueva cultura, una nueva economía, una nueva manera de concebir un ethos, ajeno a la indiferencia e individualismo que nos acecha. Se hace necesario reconstruir lo más original que hay en el hombre, los fundamentos últimos que nos devuelva la confianza y por sobre todo, la empatía ante y frente al otro. Sólo si somos capaces de recuperar ese *"ponernos en el lugar del otro"*, podremos llamar al corazón humano sin el miedo a no ser escuchados.

¿Por qué se hace necesario hoy hablar de solidaridad cuando nos topamos constantemente con señales contrarias a ella? ¿Qué sucede hoy que nos insta a plantear una ética de la solidaridad si existen varias teorías morales que directa o indirectamente abordan el problema?¿Se puede hablar coherentemente de una ética de la solidaridad que dé respuesta a las problemáticas del hombre, hijo de la modernidad y del nihilismo?¿Se hace necesario confrontar los rasgos de una antropología moderna versus los rasgos de una antropología solidaria? Sin duda que las preguntas anteriores deben ser abordadas desde la rigurosidad ética y en vistas a una fenomenología del existir moderno, recogiendo los aportes que nos entrega la racionalidad filosófica y antropológica. Sólo con estos elementos en vistas estaremos en condiciones de responder estas y otras interrogantes que nos surgen.

Sin duda que la solidaridad es una palabra manida. Todos pretenden encontrar en ella apelaciones a una "esencia" humana que va más allá del sujeto y que se abre a los otros, ya sea de manera circunstancial como permanente; Proyectos emblemáticos, obras de caridad pequeñas y majestuosas, colaboración ante alguna dificultad humana, empatía ante el dolor y la frustración, muestras de afectos y muchas otras acciones y actitudes son tildadas con el genitivo de "solidaria". Hay algunos que la ubican como sinónimo de voluntariado y cooperativismo, e incluso hay otros que la niegan como elemento perturbador de las exigencias de justicia social que deben existir entre los seres humanos o de las instituciones para con las personas.

Pero por sobre todo, la solidaridad se presenta como una nueva forma de referirse a la condición humana, para resaltar su carácter social ineludible. Aquí queremos encuadrar nuestra investigación. Estamos convencidos que esta palabra tan abarcadora nos puede entregar ciertas pistas para fundamentar un nuevo ethos, ajeno y crítico de la indiferencia en cuanto rasgo fundamental del hombre moderno. Rasgos que deberán ser analizados y revelados para proponer una mirada distinta al quehacer y ser del hombre.

# 1. UN ACERCAMIENTO AL CONCEPTO DE SOLIDARIDAD EN GENERAL

La Solidaridad, como concepto, es relativamente nuevo que tiene su carta de presentación en el mundo francés, hacia el siglo XVII[1]. Cuando Pierre Leroux emplea el término para hacer referencia a una nueva forma de hablar de la caridad cristiana en una sociedad laica. Pero definitivamente quienes la introducen como un concepto fuerte en el ámbito de las ciencias sociales son el teólogo L. Bourgeois y el sociólogo Emile Durkeim. El primero para referirse al solidarismo como alternativa al liberalismo y al colectivismo en las ciencias sociales y el segundo para referirse a la cooperación entre las diferentes clases sociales.[2]

## 1.1 DEFINICIÓN DE SOLIDARIDAD

Etimológicamente Solidaridad tiene su raíz en el latín y está emparentada con las palabras *solidus,* y el sustantivo *soliditas,* que expresa la realidad homogénea de algo físicamente entero, unido, compacto, sólido, cuyas partes integrantes son de igual naturaleza. Aunque en el latín no existe ninguna palabra que suene a *solidarietas*, en él son más frecuentes las expresiones *comiunctio, communio.* En resumidas cuentas, la palabra solidaridad puede significar dos realidades significantes: el hecho de construir algo de manera sólida, compacta y la que dice relación con el mundo jurídico que expresa las obligaciones *in solidum,* es decir, mancomunadamente. La primera de estas significaciones será la que utilizarán las ciencias sociales para referirse a las relaciones en las clases sociales y la segunda que formará parte del corpus jurídico que expresará la idea de compartir el destino entre personas que tienen entre si una relación contractual.

También es posible afirmar que la palabra solidaridad puede derivar del nombre que se le daba a la moneda de oro 25 denarios llamada *solidus,* la que por su importancia estaba

[1] "En francés no habían cesado las creaciones léxicas dentro del mismo ámbito significativo (aunque claro está, con matices diversos) y con el mismo deseo de marcar distancias respecto de la caridad. Surgieron así *solidarité*, a principios del siglo XVIII, incorporada a nuestro idioma como solidaridad a mediados del siglo XIX; y, por entonces, también *humanitaire y humanitarisme,* avecindados en España con toda plenitud." Carreter, F. Lázaro; El dardo de la palabra. Humanitario, citado por Vidal, Marciano; *Para comprender la Solidaridad*, Editorial Verbo Divino, Navarra España, 1996, pág. 12.

[2] Cfr., Vidal ibid. Ver también Parent, R.; *Teología de la praxis de la solidaridad*, Moralia 14 (1992) pág. 324.

bien considerada en el mundo latino. Del nombre de esta moneda que era atendida como "Fuerte", "estable" y "solvente", derivan nuestras expresiones de Sueldo y de soldada.

Luego esta palabra se irá cargando de significaciones diversas desde el ámbito del derecho y de la construcción, pasando por las ciencias sociológicas hasta llegar a hacer referencia a un valor y a una actitud moral muy apreciada por la sociedad. Sin lugar a dudas que es en el ámbito del derecho en donde adquiere mayor importancia y es la vertiente desde la cual el Diccionario de la Real Academia de la Lengua Española hace derivar su noción.

En el diccionario de la Real Academia de la Lengua Española la palabra Solidaridad recoge la raíz etimológica latina de doble significación que citáramos anteriormente y que afirma tiene dos acepciones:

a) Modo de derecho u obligación *in solidum.*

b) Adhesión circunstancial a la causa o la empresa de otros.

El diccionario de la lengua de la editorial Anaya es algo más extenso al agregar un elemento moral y sociológica a la definición cuando afirma que la solidaridad es una "Circunstancia de ser solidario con un compromiso, una obligación,/ relación entre personas que participan con el mismo interés en cierta cosa, particularmente que se sienten unidas a la comunidad humana. Y cuando se refiere al adjetivo afirma su procedencia del latín *solidus,* "ligado a otros por comunidad de intereses y obligaciones (significación jurídica) que se une a una causa". Y agrega una relación etimológica con la palabra "sueldo".[3]

Al revisar algunos diccionarios jurídicos nos encontramos que la palabra Solidaridad viene definida como "la actuación o responsabilidad total en cada uno de los titulares de un derecho o de las obligaciones por razón de un acto o contrato.// Vínculo unitario entre varios acreedores que permite a cada uno reclamar la deuda u obligación por entero, sean los deudores uno o más.//nexo obligatorio común que fuerza a cada de dos o más deudores a cumplir o pagar por la totalidad cuanto les sea exigido por el acreedor o los acreedores con derecho a ello.// Identificación personal con una causa o con alguien, ya por compartir sus aspiraciones, ya por lamentar como propia la adversidad ajena o colectiva.// Cooperación, ayuda, auxilio." Y establece dos modalidades de solidaridad; la solidaridad activa que corresponde a cada uno de los acreedores solidarios y la pasiva que caracteriza al deudor solidario.

---

[3] Diccionario anaya de la lengua, Editorial Anaya, 1991, España.

De lo anterior podemos determinar que jurídicamente la palabra *in solidum* se refiere a las responsabilidades contraídas por cada uno de los sujetos coimplicados en un contrato.

Es el mundo de la sociología donde, a partir de Emile Durkheim, se comenzó a teorizar sobre ella. Durkheim, recibiendo las influencias de August Comte, elaboró que se ha denominado un solidarismo sociológico correlativo a la propuesta de solidarismo político de L. Bourguois. En sus estudios sociológicos definía la Solidaridad como "la cohesión de los grupos solidarios y la forma de relacionarse los individuos de un grupo entre sí". Afirmaba Durkheim que el grupo es solidario con sus miembros y los miembros con el grupo.

Estableció, además, dos modalidades de solidaridad: a) la solidaridad mecánica, que era propia de los grupos cerrados en las sociedades primitivas, en las que no existe la división del trabajo y sus miembros están supeditados a los intereses del grupo. Estos grupos viven un fuerte hermetismo y cohesión interna y de ella se derivan las bases de las sociedades corporativistas, "lo que propicia el principio político de carácter organicista que está en el fondo de todos los fascismos."[4] b) La solidaridad orgánica, es la que pertenece a las sociedades más avanzadas en que funcionan grupos más abiertos; en estas sociedades abiertas hay división del trabajo y donde el individuo no se define por el lugar que ocupa o su función dentro de ella, sino por el sistema de relaciones que constituyen el tejido social más amplio. De esta idea podemos deducir la comprensión de la solidaridad como un vínculo entre todos los seres humanos, iguales entre sí.

Según Jean Duvignaud existe una numerosa cantidad de modos en los que se expresa la solidaridad sociológica, a saber:

1. *Solidaridades tradicionales:* Son casi involuntarias y necesarias, se dieron en las sociedades tradicionales, pero tienen cierta continuidad en la nuestra.

2. *Solidaridades de vínculo de Sangre:* son aquellas que brotan de las relaciones familiares, ya sea biológica y/o cultural.

3. *Solidaridades urbanas:* Son aquellas derivadas de los grados de cohesión o de pertenencia a una ciudad, por ejemplo, el sentido de identidad que se originaba en los griegos frente a la polis.

[4] Vidal, *Óp. Cit.* Pág. 14.

4. *Solidaridades del saber, de la magia, de la técnica* que dan origen a las escuelas, los gremios, universidades, colegios, especialmente en la época medieval donde fue su apogeo.

5. *Solidaridades en el mundo del trabajo,* es aquella relación que se da entre los miembros de una empresa, obreros entre sí o empresarios.

6. *Solidaridades ideológicas,* vinculadas a movimientos sociales, sucedáneos de la religión, o las sociedades filantrópicas.

7. Sociedades errantes, naturales, sociales, políticas e intelectuales. Encontramos además, las solidaridades del juego y de las fiestas.

La Solidaridad sociológica es propia de todas las sociedades en todas las épocas. A cada época corresponde un tipo específico de solidaridad, que es expresión de las situaciones históricas que viven las respectivas sociedades. Al cambiar la situación de esos grupos cambiará, por ende, su forma de solidaridad. Desde esta perspectiva, entonces, no estamos nunca ante una crisis de solidaridad o una pérdida de la misma, sino que una pérdida de antiguas solidaridades y el paso a nuevas solidaridades.[5]

La solidaridad en clave sociológica, puede llevar a ciertas deformaciones y ambigüedades de la misma que, sobrevaloran las relaciones entre los integrantes del grupo social y el grado de cohesión de los mismos. En este sentido estaríamos hablando de una solidaridad cerrada que ve a los integrantes del grupo como hermanos, correligionarios o socios y que expresan una forma de fraternidad excluyente. Este tipo de solidaridad se apoya, generalmente, en la pertenencia grupal y se expresa en la cooperación de los mismos integrantes entre sí. Este tipo de solidaridad cerrada es lo que deriva consecuentemente en una forma de corporativismo que "tiene la doble cara de ser muy solidario hacia dentro del grupo y poco solidario, por no decir, insolidario, hacia el resto de la sociedad."[6]

Sin lugar a dudas que el concepto de solidaridad constituye hoy un horizonte que puede abarcar diversas dimensiones y que en ninguna de ellas lo podemos encapsular. Negar esta multidimensionalidad del concepto es arriesgarse a una comprensión errónea del mismo. Es eso lo que ha pasado en la historia de este concepto y es lo que pretendemos analizar a continuación.

[5] Estas nuevas solidaridades que surgen buscan su acomodo en las sociedades . "En esta búsqueda de solidaridades alternativas" es fácil que surjan dudas, descontentos o euforias exageradas, todo lo cual es reflejo del complejo proceso de la implantación de un sistema de solidaridades." Vidal, M; *Óp. Cit.* Pág. 15.
[6] Ibíd. Pág. 18.

## 1.2 LA HISTORIA DEL CONCEPTO:

La Solidaridad, desde sus orígenes, ha pasado por diversas comprensiones que conviene analizar para acercarnos a una definición más acabada del complejo constructo que nos ocupa. Estamos ciertos que ella se ha transformado en uno de los vértices que constituye el ideal y la lucha de muchos que desean una sociedad más propia del hombre. Lo característico de estas comprensiones que analizaremos sucintamente, es destacar una manera de entender nuestro concepto y los alcances que éste tiene.

Entre las interpretaciones de la solidaridad que nos encontramos está la visión paternalista de la misma. En ella la Solidaridad no es un factor determinante en el quehacer social. Propia de los ambientes liberales en los que importa más el individuo y el respeto irrestricto de su libertad, donde el egoísmo es el motor de la historia. Para los liberales la solidaridad se nos presenta como un sentimiento moral, que nace de forma gratuita y no tiene un elemento vinculante o exigible. Es algo que brota espontáneamente de las personas y de los grupos que tienen mayor capacidad de ejercer este sentimiento, ya sea por su nivel socioeconómico aventajado o su victoria en el juego de la competición. Este sentimiento va dirigido a quienes no han tenido ventajas comparativas y que no se han beneficiado con las elementos de justicia social que están presentes en el mercado.

Esta Solidaridad de signo paternalista se constituye "*como un movimiento de arriba hacia abajo*"[7], que está lejos de transformarse en un fundamento para el cambio radical o estructural de la sociedad, quedando siempre en el ámbito de lo asistencial. No tiene el carácter profético y exigible que es inherente a la Solidaridad. Es por ésta razón que este concepto de solidaridad no goza de mucha simpatía en los sectores de izquierda.[8]

En el mundo socialista y comunista nuestra palabra no tiene un espacio en el universo conceptual. Para éstos la Solidaridad es mirada con sospecha, pues, se la puede concebir como pretexto y una posibilidad de encubrir los conflictos sociales, evitando los desafíos estructurales en las situaciones de injusticia.

Pero, por otro lado, la solidaridad viene a ser algo así como "una resultante de la conciencia histórica y dialéctica de clase"[9]No existe una solidaridad de la humanidad sino únicamente la solidaridad del proletariado, en cuanto sujeto de la historia.

[7] Vidal, Marciano; *Justicia y Solidaridad en la ética social actual,* en Revista MORALIA, Volumen XV/nn. 57-58, 1993.

[8] Cfr. Vidal; Óp. Cit. Y También en *Para comprender la Solidaridad*, Op. Cit. Pág. 22.

[9] Ibid, Justicia y Solidaridad en la ética social Actual....pág. 38

En el mundo social católico surgió, a fines del siglo XIX y comienzos del XX, un intento por superar ambas posturas y que se denominó "Solidarismo". Que en palabras de uno de sus exponentes se podría resumir de la siguiente forma:

"El principio fundamental del individualismo era la libertad e independencia absoluta de las economías particulares, no buscando más que sus propias ventajas. A la descentralización individualista opuso el socialismo el postulado de la asociación económica completamente unitaria, centralizada, universal, con desaparición de toda diferencia social entre grupos profesionales, clases y estados. Entre estos dos extremos, el de la centralización absoluta y el de una completa descentralización, hay un tercer sistema medio que respeta a las economías particulares su independencia relativa, exigiendo simplemente su incorporación orgánica al todo social. Mas por lo mismo la sociedad, como reunión de seres morales y libres, constituye una unidad moral, el principio dominante de todo sistema social debería ser también en último término un postulado de orden moral. Este postulado de orden ético-jurídico, que constituye el supremo principio de derecho, la ley generalísima del orden social para el individuo, para la sociedad y para el Estado, puede designarse con el nombre de "Solidaridad", y con el de "Solidarismo" al sistema que sobre él se funda."[10]

---

[10] PESCH, h.; Tratado de economía nacional, "El solidarismo es el sistema de orden social que se contrapone al individualismo y al colectivismo y deriva su nombre del principio filosófico de la solidaridad. Si el individualismo pone todo el peso en los individuos, de forma que la sociedad aparece así como mera suma de éstos, Si, a la inversa, el colectivismo pone todo el peso sobre la totalidad social, de suerte que los individuos sólo so estimados como individuos sólo son estimados como miembros de ese todo, el solidarismo se esfuerza por lograr el recto equilibrio entre los individuos, que mantienen su valor propio e independencia aún como miembros del todo, por una parte, y el mismo todo social, y por otra, que es una unidad de orden, no ciertamente sustancial, pero si real u óntica, y como tal, significa mucho más que la mera unidad lógica de una suma.

Para nuestro pensar abstracto, las visiones unilaterales del individualismo y colectivismo son más fáciles de captar que la doble cara del solidarismo, dualidad que no obstante, aparece palpablemente donde quiera en la realidad. Al lenguaje mismo le cuesta trabajo expresar acertadamente esta realidad de doble cara, sin exagerar la una o la otra.

Como se trata de algo real u óntico, el principio solidarismo debe formularse en primer lugar ontológicamente, todos los particulares, como miembros del todo social, están implicados en la suerte o los azares de este todo; e igualmente, el todo está indisolublemente implicado en la suerte a los azares de sus miembros. Este estado de implicación común subsiste independientemente de que nosotros lo veamos o aceptemos; aún cuando los particulares o la comunidad lo nieguen u obren contra él, permanece invariable, es más, entonces precisamente lo confirma la experiencia.

Este estado irrevocable de cosas debe necesariamente tener consecuencias para la conducta práctica; del principio ontológico de la vinculación común se sigue el principio deontológico de la responsabilidad común; cada uno es responsable como miembro de la comunidad, es decir, está obligado a interesarse por el bien o el mal de la comunidad. Y lo mismo hay que decir de la comunidad como tal.; ésta es también responsable, es decir, está obligada a interesarse por el bien o por el mal de cada uno de sus miembros. La expresión 'Principio de solidarismo' (obligatio in solidum) no expresa la realidad ontológica de la vinculación común, sino inmediatamente , el contenido jurídico ético de la responsabilidad común, que de hecho es una obligatio in solidum; cada uno debe suplir, en caso necesario, la no prestación o prestación inferior de los otros. La elección- no del todo afortunada- del nombre no debe engañarnos sobre el hecho de que el prinicpio es primariamente metafísico social (teórico) y sólo secundariamente jurídico ético (normativo)

Según la doctrina del solidarismo, el hombre es 'Ser social' , no sólo accidentaliter, sino essencialiter. Esto vale no sólo para el orden natural (tal como el hombre salió de manos del creador) sino también para el orden sobrenatural. Pues, en efecto, el cuerpo místico de Cristo, por el hecho de que sus miembros

Este sistema expuesto parte de la deducción ontológica de la intersubjetividad de los seres humanos y la enlaza con la exigencia ética del Bien Común. La intuición es muy buena y creo que es aceptable rescatarla, sin embargo, su debilidad radica en el hecho de no aterrizar este concepto a las situaciones cambiantes de la vivencia humana histórica.

Uno de los movimientos que por los años 1970 -1980 ha generado grandes cambios de tipo social, económico, político en su Polonia es el "Movimiento Solidaridad". Este movimiento polaco tuvo en Josef Tischner uno de sus principales exponentes, quien sostenía que la solidaridad no es una mera inclinación natural de pertenencia a un grupo como lo exponen los sociólogos; "El fundamento de la solidaridad es la conciencia y lo que estimula su nacimiento es el grito maltratado por otro hombre."[11] La solidaridad establece vínculos singulares entre los hombres: el hombre se une a otros hombres para auxiliar a quien necesita ayuda. Esta corriente sostiene que la solidaridad no debe ser impuesta desde fuera, por coerción o violencia, sino que es una virtud que nace por sí sola, es una expresión automática del corazón y corresponde a la buena voluntad del hombre. "En el fondo todos somos solidarios porque todos, en lo más íntimo de nuestras almas, somos hombres de buena voluntad y suscita en los hombres una buena voluntad".[12]

En el ámbito de la teología, tenemos dos corrientes que rescatan una visión más estructural y dinámica de la solidaridad. La Teología de la Liberación, por un lado, la ubica en una dialéctica explotados-explotador. Así surge la solidaridad como un movimiento de liberación de aquellos que han sido recurrentemente postergados; aquellos desheredados de la historia. Como lo afirma Gutiérrez "La pobreza significa, en última instancia *muerte*. Carencia de alimentos y de techo, imposibilidad de atender debidamente a necesidades de salud y educación, explotación del trabajo, desempleo permanente, falta de respeto a la dignidad humana e injustas limitaciones a la libertad personal en el campo de la expresión, en lo político y en lo religioso, sufrimiento diario. Es una situación destructora de pueblo, familias y personas, que Medellín y Puebla califican de violencia institucionalizada (a la que se suman las igualmente inaceptables violencias terroristas y represiva).[13] Un

participan realmente de la vida divina de la cabeza, aunque tampoco sea una unidad sustancial, es por lo menos mucho más que una mera unidad de orden (aquí tropieza el lenguaje con los límites de sus posibilidades de expresión)." Nell Breuning, O. V.; Voz,"Solidarismo" en Sacramentum mundi, Tomo VI, Barcelona, 1978. Páginas 458-460.

[11] Tischner, Josef.; Ética de la solidaridad, Editorial Encuentro, Madrid, 1983, en VIDAL Marciano; Op. Cit. Pág. 23."

[12] Ibid.

[13] Gutierrez, Gustavo; "Pobres y opción fundamental", en "Mysterium Liberationis", conceptos fundamentales de la Teología de la Liberación, Eliacura, Ignacio Sobrino, Jon; Editorial Trotta, España, 1994, pág. 304.

movimiento ascendente que busca establecer una mirada distinta de y para los más postergados.

Para ella, la ética tiene un carácter eminentemente intersubjetivo, pues, incluye al otro, implica una responsabilidad por el otro y con el otro. Significa otorgarle validez a un mundo lleno de sentido, de memoria, de cultura y de resistencia. Significa otorgarle contenido a las necesidades del otro y entenderlo como un interlocutor válido en la vivencia de la praxis histórica.[14] Como bien lo afirmaba Dom Helder Cámara "El sueño de uno es apenas un sueño, el sueño de muchos es una realidad."

Por otro lado, J. B. Metz y su propuesta de Teología Política, establece que el discurso sobre Dios debe pasar necesariamente por lo que él denomina la "memoria pasionis", es decir, por la cuestión del sufrimiento. Esta memoria de la pasión no es otra cosa que la memoria del sufrimiento de los otros en el que el discurso sobre Dios se interrumpe al preguntar por el sufrimiento en la creación buena de Dios. En Jesús, la sensibilidad al sufrimiento de los demás era la expresión más fuerte de aquel amor que la parábola del «Buen Samaritano» (Lc 10,25-37) ha inculcado para siempre a nuestra memoria cultural. Nos convertimos en prójimo al acercarnos al que sufre. En este modo de la compasión se unen el amor al prójimo y el amor a Dios (cf. Mt 22,37-40), y el discurso sobre Dios se hace sensible al sufrimiento. Cuando la compasión, en cuanto sensibilidad al sufrimiento, conduce a la actuación, se convierte en solidaridad.

Finalmente, hay que subrayar, con Johann Baptist Metz, que la solidaridad no se extiende solamente a los contemporáneos. Vale también «hacia atrás», es decir, es solidaridad de memoria con los muertos; y vale «hacia adelante», es decir, es solidaridad de responsabilidad por las generaciones futuras. Esta solidaridad anamnética o compasiva posee un carácter escatológico que busca establecer mediaciones con la realidad histórica. No basta una solidaridad simétrica que intente explicar el pasado como una historia de frustración y lanzarse a la construcción del futuro, sino que- a su juicio- debe establecerse una solidaridad asimétrica en la que los sujetos que carecen del reconocimiento de su dignidad y luchan por ella deben enfrentarse a otros que no reconociéndolas se comportan como dominadores. La tarea es una solidaridad en la que exista la necesidad del mutuo reconocimiento.

[14] Dussel, Enrique; "Debate en torno a la ética del discurso", en Sidekum; "Etica do discurso e filosofía de libertacao" Ediciones Unisinos, 1994., pág. 153.

## 2. UNA LECTURA A LA INDIFERENCIA SOCIOECONÓMICA:

La Solidaridad se ha expresado como un proyecto histórico concreto que ha querido dar respuesta a las situaciones de crisis económica y desigualdades sociales, que habla de un progresivo empeoramiento de las situaciones de empobrecimiento e injusticia, a la que se ven sometidas muchas personas. Realidades que nos hablan de una creciente indiferencia ante el dolor, la pobreza y la miseria de grandes grupos humanos, las que se ven agudizadas por el descuido y apatía[15] que pone en tela de juicio el carácter humano de todo desarrollo.

La realidad a la que asistimos, la podríamos describir como una realidad dicotómica que, siguiendo la alegoría de Karen Lebacqz, en su libro *Justicia en un mundo injusto, bases para un proyecto cristiano*[16], se presenta como dos mundos o modos de estar en él, que son completamente diferentes; uno, el mundo de las aves, de los poderosos, los que son siempre considerados, que vuelan libres por el aire, sin grandes dificultades, y los del mundo de los peces, quienes deben desplazarse con mucha dificultad, comparativamente menos rápidos que las aves porque deben sortear un mar lleno de grandes monstruos marinos contra los cuales es difícil combatir. Esta alegoría nos permite introducir al análisis de las principales dificultades que la indiferencia nos enfrenta y a la que la solidaridad, como principio ético fundamental, debe dar respuesta.

No es ajeno a nuestras miradas, inclusive la más ingenua, las grandes diferencias socioeconómicas a la que nos vemos enfrentados. La proximidad de la pobreza golpea, como un fantasma, la existencia de millones de personas que, contrasta con la opulencia de otros. Los rostros agónicos de niños, adultos y ancianos que, pese a muchos esfuerzos ven esfumarse con frustración los anhelos de una vida algo más agraciada y menos dolorosa, se diferencia de aquellos que atesoran y derrochan lo mucho que les sobra. Los contrastes son horrorosos; mientras algunos pueden acceder a beneficios que hacen más agradable su existencia. Otros, en cambio, no entienden cómo a ellos no alcanzan esos beneficios. Lo que más resalta en esta realidad, que intentaremos retratar, es la indiferencia a la que nos hemos acostumbrado. Parece normal e incluso cotidiano ver en la televisión escenas de sufrimiento, pobreza, abandono que pasan por ser una noticia más. Somos más conscientes de nuestros derechos pero inconscientes frente al derecho de los demás, especialmente de

[15] Boff, Leonardo; *El cuidado esencial, ética de lo humano compasión por la tierra*, Editorial Trotta, Madrid, 2002.

[16] Lebacqz, Karen; Justice in an unjust world, Traducción de Antonio Martínez R, Editorial herder, Barcelona, 1991.págs. 17-18.

los más indefensos. La preocupación superficial por estos acontecimientos es, en sentido estricto, una despreocupación por ellos, pues aquello se transforma en una emoción pasajera, un malestar que no es tal, porque el malestar sólo se concreta cuando asumimos que el estar de ese ser no es el estar que debería ser. El carácter in-diferente de nuestra civilización se plantea en términos de descuido por el otro. El otro es valioso económicamente y no ontológicamente. El egoísmo ontológico subyace o corrompe las posibles relaciones humanas y olvida, por un asunto pragmático, el carácter categórico de la centralidad de la persona. El yo moderno autodependiente, monológico, subjetivo, innovador y posesivo, ha relegado la necesidad, el aprecio y la preocupación por el otro.

## a. UNA MIRADA GLOBAL

Según la definición entregada por el Programa de las Naciones Unidas para el Desarrollo (PNUD) se ha de entender al desarrollo como un proceso de ampliación de las condiciones de vida de la gente que se puede resumir en tres opciones esenciales:"vivir una vida larga y saludable, adquirir conocimientos y tener acceso a los recursos necesarios para tener un nivel de vida decente."[17] , es decir, se ha de entender el desarrollo humano como "un entorno de posibilidades en el que las personas puedan tener una larga vida, saludable y creativa."[18]Continúa el texto de las naciones unidas, que las personas constituyen una verdadera riqueza de las naciones, pero que a veces esta simple verdad se olvida.[19] En el mismo informe se subraya las "enormes brechas de bienestar y oportunidades de vida que siguen dividiendo a nuestro mundo, cada vez más interconectado."[20] La prosperidad de la que se glorían las superpotencias y que les permite alcanzar índices de desarrollo cada vez más prometedores es, para otros comparativamente, la posibilidad de verse cada vez más rápidamente hundidos en los agujeros negros de la economía y del desarrollo mundial.

> "En el caso del desarrollo humano, la marea creciente de prosperidad mundial ha levantado algunos barcos más rápido que otros, pero hay también algunos que se hunden velozmente. Quienes realzan los aspectos positivos de la globalización algunas veces se dejan llevar por su entusiasmo. Cada vez más utilizan la expresión de aldea global para describir el nuevo orden mundial. Pero vista desde la

[17] Programa de las Naciones Unidas para el Desarrollo (PNUD); Revista Latinoamericana de Desarrollo Humano, http://www.revistadesarrollohumano.org

[18] Programa de las Naciones Unidas para el Desarrollo (PNUD); Informe de Desarrollo Humano 2006, más allá de la escasez; poder, pobreza y la crisis mundial del agua, http://hdr.undp.org/hdr2006/pdfs/report/spanish/Pagesfrom08-Middlematter_ES-2.pdf

[19] Ibid.

[20] Ibid.

perspectiva del desarrollo humano, la aldea mundial aparece profundamente dividida entre las calles de los que tienen y los que no tienen."[21]

Mientras el Banco Mundial informa que los objetivos de superación de la extrema pobreza en los países más vulnerables, que se ha planteado la ONU, ha obtenido ciertos progresos. Estos han sido desiguales, pues han existido avances en lo que dice relación con la reducción de la extrema pobreza (carencia socioeconómica), pero se ha retrocedido en los demás objetivos igualmente importantes en la calidad de vida de las personas y que tienen como plazo el 2015.[22] En este informe se indica que ha existido un progreso en la reducción de la extrema pobreza, sin embargo, nos preocupa lo que estas instituciones entienden por extrema pobreza. Creemos que la línea de la pobreza se pone muy por debajo del nivel que corresponde. "Si se pusiera a un nivel más razonable, el número de pobres sería mucho mayor".[23]Si le hiciéramos caso a las cifras de las Naciones Unidas y del Banco mundial, hemos de notar las siguientes desigualdades socioeconómicas[24].

Nigeria, país africano de 131 millones de habitantes, con una superficie de 922,8 de miles de kms. $^2$, tienen un ingreso nacional per cápita que alcanza a 560 dólares anuales, con una esperanza de Vida de 44 años y una tasa de mortalidad infantil de 101, 4% por cada 1000 niños nacidos. Las cifras macroeconómicas no son muy alentadoras; El Producto Nacional Bruto (el total de las exportaciones menos las importaciones) alcanza anualmente a 989,5, millones de dólares el 2005, en lo que dice relación con el acceso al agua y al

[21] Ibid, "El ciudadano medio de Noruega, el país con el Índice de Desarrollo Humano más alto, y el de países como Níger, con el Índice de Desarrollo Humano más bajo, viven ciertamente en diferentes distritos de desarrollo humano en la aldea global. Los noruegos son más de 40 veces más ricos que los nigerianos, viven casi el doble más y gozan de una matriculación casi universal en la enseñanza primaria, secundaria y terciaria, comparada con una tasa de matriculación del 21% en Níger. Para los 31 países que se encuentran en la categoría de desarrollo humano bajo (un grupo que representa el 9% de la población mundial), la esperanza de vida al nacer es de 46 años, es decir, 32 años menos que en los países con un desarrollo humano alto."

[22] Los objetivos planteados por las naciones unidas para el 2015 son los siguientes:

a) Erradicar la pobreza extrema y el hambre.
b) Lograr la educación primaria universal.
c) Promover la igualdad entre los géneros.
d) Reducir la mortalidad infantil.
e) Mejorar la salud materna.
f) Combatir las enfermedades.
g) Garantizar la sustentabilidad del Medio Ambiente.
h) Fomentar una asociación mundial.

Banco Mundial; http://web.worldbank.org/WBSITE/EXTERNAL/BANCOMUNDIAL/NEWSSPANISH/0,,contentMDK:21400979~menuPK:51191012~pagePK:34370~piPK:34424~theSitePK:1074568,00.html

[23] DE SEBASTIÁN, Luis; *Mundo rico, mundo pobre, pobreza y solidaridad en el mundo de hoy,* Editorial Sal Terrae, Santander, España, 1992, Pág. 23.

[24] Las cifras que aquí se entregan están tomadas de http://devdata.worldbank.org/atlas-mdg/

saneamiento, Nigeria, alcanza el 44% de la población con acceso a ella. El 71% de la población se encuentra bajo la línea de la extrema pobreza, es decir, 93.010.000 de personas sufren de este flagelo.

Por otro lado, Chile, que tiene una población de 16,3 millones de habitantes, con una superficie de 756,6 de miles de kms.$^2$, tiene un ingreso per cápita de 5.870 dólares anuales. Con una esperanza de Vida que alcanza a los 78 años y una tasa de mortalidad infantil de 7,6% de cada 1000 niños nacidos. Las cifras macroeconómicas indican que Chile un Producto Nacional Bruto anual que alcanza a 1.152, 5 mil millones de dólares, En lo que dice relación con el acceso al agua potable, el 95% de la población tiene la posibilidad de acceder a ella. Sólo el 2% de la población se encuentra en niveles de extrema pobreza, es decir, cerca de 320.000 personas sufren de esta situación. Cifra significativamente inferior a la señalada en la Encuesta Casen del Ministerio de Planificación del Gobierno de Chile, que la ubica en el 3,2%, el año 2006. Cabe señalar que los indicadores de ingresos de las personas que permiten ubicarlas o no en el rango de pobreza e indigencia respectivamente, en Chile, se pueden tipificar en el siguiente cuadro:

**Línea de Pobreza por año según zona**

**(en pesos corrientes de cada año)**

| Zona | Línea de Pobreza | 1987 | 1990 | 1992 | 1994 | 1996 | 1998 | 2000 | 2003 | 2006 |
|---|---|---|---|---|---|---|---|---|---|---|
| Urbano | Indigente | 5.079 | 9.297 | 12.875 | 15.050 | 17.136 | 18.944 | 20.281 | 21.856 | 23.549 |
| | Pobre no Indigente | 10.158 | 18.594 | 25.750 | 30.100 | 34.272 | 37.889 | 40.562 | 43.712 | 47.099 |
| Rural | Indigente | 3.914 | 7.164 | 9.921 | 11.597 | 13.204 | 14.598 | 15.616 | 16.842 | 18.146 |
| | Pobre no Indigente | 6.850 | 12.538 | 17.362 | 20.295 | 23.108 | 25.546 | 27.328 | 29.473 | 31.756 |

Fuente: MIDEPLAN, División Social, Encuesta CASEN 2006 con factores de expansión en base a CENSO 2002

Por último, queremos entregar los antecedentes de los Estados unidos, quien se encuentra entre los países más desarrollados: Este país norteamericano tiene una población de 296,5 millones de personas, con un total de superficie de 9.629,1 mil millones de kilómetros $^2$, el ingreso per cápita es de 43.470 dólares anuales. La esperanza de vida de los estadounidenses es de 77 años y la tasa de mortalidad alcanza al 6.7% por cada 1000 niños nacidos. En términos macroeconómicos, los Estados Unidos tiene un Producto Nacional

Bruto anual de 124.550,7 mil millones de dólares. El porcentaje de acceso al agua potable de este país norteamericano alcanza el 100%, mientras que el porcentaje oficial de extrema pobreza no aparece.[25]

Baste citar estos ejemplos para señalar la brecha existente entre los países a nivel global; la riqueza de algunos no alcanza para ser repartida para todos y existen zonas mundiales en las que el desarrollo es una palabra ajena y cargada de ilusión. La diferencia abismante entre países ricos cada vez más ricos y de países pobres, cada vez más pobres es alarmante y amenazante. La extrema pobreza es una bomba de tiempo que al final puede poner en tela juicio el desarrollo mundial y la paz de las naciones. Los informes así lo establecen. Mientras que en los países en vías de desarrollo y de mayor desarrollo cambian y mejoran las expectativas, hay regiones en las que hay un retroceso y un estancamiento. Por ejemplo, mientras que la esperanza de vida aumenta en gran parte de las regiones del orbe, sin embargo, en la región africana, la esperanza de vida es más baja que hace tres décadas y "ni siquiera esta cifra indica la gravedad del problema".[26]

> "Varios países del África subsahariana han sufrido catastróficos retrocesos: 20 años en el caso de Botswana, 16 en el de Swazilandia y 13 en el de Lesotho y Zambia. Se trata de retrocesos demográficos mayores que los de Francia después de la Primera Guerra Mundial."[27]

Esta gravedad se aprecia al constatar el progresivo aumento de los porcentajes de infectados por el VIH/Sida en los países de la región sudafricana, en la que 39 millones de personas se encuentran infectadas, causando en el 2005 la muerte de más de 3 millones de personas "La disminución de la esperanza de vida ha sido uno de los efectos más notorios del VIH/SIDA sobre el índice de desarrollo humano (IDH). Por su parte, la feminización de la enfermedad[28] alcanza el 57% de la población y la probabilidad que las mujeres entre 12 y 24 años contraiga esta enfermedad es muy alta.

---

[25] Mientras que la Cadena Univisión en su página web www.univision.com/content/content.jhtml?cid=682013, señala que el Censo del año 2004 dio como resultado que 21 de cada 100 norteamericanos son pobres. El ente oficial informó que el número de personas que vive por debajo de la línea de la pobreza subió el año 2004 a 37 millones de personas, contra 35.9 millones de 2003, mientras que la tasa de pobreza subió al 12.7 por ciento, contra un 12.5 por ciento del año anterior. El umbral de la pobreza difiere según el tamaño y la constitución de una unidad familiar. El gobierno estadounidense fijó el nivel de pobreza para una familia de cuatro personas en 2004 en un ingreso anual de 19,307 dólares; para una familia de tres miembros, en ingresos por 15,067 dólares de dos miembros; para una de dos personas en 12,334 dólares; mientras que para los individuos solos la cifra se fijó en 9,645 dólares anuales.

[26] Ibid.

[27] Ibid.

[28] Ibid.

Otro de los aspectos que cabe señalar aquí es la de la mortalidad infantil que presenta serios retrocesos. Aunque la tasa de mortalidad disminuyó en 2,1 millones de niños muertos menos que en 1990, los 10,8 millones de niños que murieron en el 2004, señala la abismante diferencia y desigualdad en la posibilidad de acceso al más básico de los derechos de toda persona; la de permanecer vivos. Es casi un hecho que las tasas de mortalidad infantil en los países en desarrollo van en aumento. Además en un gran número de países la disminución de la mortalidad tiende a ponerse más lenta. Según el PNUD "Al ritmo actual, la meta de reducir en dos tercios la tasa de mortalidad general para el 2015 dejará de cumplirse, con unos 4,4 millones de muertes en ese año."[29]

Por otro lado, en educación, los índices nos señalan que la alfabetización ha ido en aumento. De un 72% que había en la década del 90 a un 82% en el año 2005. Esto contrasta con la igualdad de género al acceder a la educación. Se establece que hay una mayor proporción de analfabetización en las mujeres que en los varones. Existiendo en la actualidad un total de 115 millones de niños analfabetos, de ellos 62 millones son niñas.[30] Esto va acompañado, lamentablemente, de las oportunidades de acceso a la educación que tienen los países del tercer o cuarto mundo y los países desarrollados. Mientras que un niño o niña del sur africano sólo tiene expectativas de tener no más de 4 años de promedio en educación o escolaridad, un niño o niña de países desarrollados tiene 15 años de escolaridad como promedio. Esta grave desigualdad es, sin duda, uno de los mayores peligros de la brecha en la educación que existe hoy, poniendo en duda la subsistencia de éstos y mejores accesos a estándares de vida más seguros. La deserción escolar es otro asunto que merece de nuestra preocupación. Mientras que la tasa de deserción en Chile bordea el 5% en países como Chad, Malawi, Ruanda bordea el 40%. En los países en vías de desarrollo el 80% de los niños accede a los niveles secundarios y de enseñanza superior. En el África subsahariana el panorama es muy distinto: menos de la mitad de los niños pasan de la enseñanza primaria a la secundaria. Además, 37 países —entre ellos 26 del África subsahariana— tienen tasas netas de matriculación en la enseñanza secundaria inferiores al 40%.[31]

En relación con el ingreso hay que destacar que si bien ha existido una disminución en la población que vive con menos de un dólar al día, de un 28% a un 21%, siendo el mayor aumento del crecimiento económico de la India y de China lo que ha permitido esta disminución. Pero cabe notar que en el África subsahariana aún persisten más de 300

[29] Ibid.
[30] Ibid.
[31] Cfr. Ibid.

millones de personas que viven con menos de un dólar al día y en el mundo entero bordea los mil millones.

"Si bien el mundo está alcanzando de manera general el objetivo de reducir a la mitad la pobreza de ingresos para el año 2015, el África subsahariana, al igual que muchos países de otras regiones, no está en camino de lograrlo. Los datos nacionales indican que se fracasará en los objetivos para 2015, por una cifra de cerca de 380 millones de personas. Tales niveles de pobreza en medio de una economía mundial más próspera reflejan las extremas disparidades en cuanto a la riqueza y la baja participación de los ingresos mundiales percibida por la población pobre:

• El 20% más pobre de la población mundial, que corresponde aproximadamente a la población que vive con menos de 1 dólar diario, representa el 1,5% de los ingresos mundiales. El 40% más pobre, que corresponde al umbral de pobreza de 2 dólares diarios, representa el 5% de los ingresos mundiales.

• Nueve de cada diez habitantes de los países con ingresos altos pertenecientes a la Organización de Cooperación y Desarrollo Económicos se encuentran dentro del 20% más alto de la distribución mundial de ingresos. En el extremo contrario, uno de cada dos habitantes del África subsahariana se encuentra dentro del 20% más pobre. Además, la proporción de habitantes de la región que están en el 20% más bajo se ha más que duplicado desde 1980 (hasta un 36% del total).

• Los ingresos promedio a escala mundial son de 5.533 dólares (PPA), pero el 80% del mundo vive con menos de este promedio. La desigualdad mundial se refleja en la gran brecha existente entre el promedio y la mediana de ingresos (1.700 dólares en 2000).

• Las 500 personas más ricas del mundo tienen ingresos superiores a los 100.000 millones de dólares, sin tomar en consideración la riqueza de activos. Esta cifra supera los ingresos combinados de los 416 millones de personas más pobres. La acumulación de riqueza en el nivel más alto de la distribución mundial de ingresos ha sido más impactante que la reducción de la pobreza en el nivel más bajo. El *Informe sobre Riqueza Mundial* de 2004, preparado por Merrill Lynch, calcula que la riqueza de activos financieros de los 7,7 millones de "individuos de alta riqueza neta" alcanzó los 28 billones de dólares en 2003 y prevé un crecimiento que alcanzaría los 41 billones de dólares para 2008."[32]

Estos datos nos indican que aún persiste la tarea de luchar contra la desigualdad económica y social, especialmente en estos tiempos de globalización. El sacar a estas personas de esos niveles infrahumanos de sobrevivencia no es sólo una necesidad sino una urgencia que es preciso subsanar. Más cuando ello significa una ínfima parte de los ingresos de los más ricos.[33]

Una atención especial merecen las desigualdades internas en los países. Como ya se indicaba en la nota sobre el aumento de la tasa de pobreza en Estados unidos, la realidad en los países pobres o en vías de desarrollo es aún más crítica. Las disparidades internas son a veces más graves que las anotadas de manera global. Según los informes de las naciones unidas para el desarrollo las desigualdades entre el quintil más rico y el quintil más pobre

[32] Ibid.

[33] El superar la cifra de personas que viven con un dólar al dia equivale, según el documento que estamos citando, a 300.000 millones de dólares. Cifra que sólo representa un 2% de los ingresos del 10% más rico.

son, en algunos casos, relativos a la distribución del ingreso. Afirmar esto significa establecer que la reducción de la pobreza dice directa relación con una mejor distribución de las riquezas y un mayor acceso a los niveles de conocimiento. La desigualdad social y económica produce una limitación en la capacidad adquisitiva de los países y de los hogares que pone en peligro el futuro de las generaciones y restringe el desarrollo de los mismos. A parte de las consecuencias nefastas para el crecimiento económico y la cohesión social.[34] Sin duda que esta brecha social es un aliciente para la existencia de una crisis de progreso a nivel personal e internacional, cuyos efectos pueden ocasionar las continuas violencias, inestabilidades políticas, guerras internas y entre naciones, etc. Se hace pues, necesario reducir la tolerancia a estos índices de desigualdad que impiden la construcción de una comunidad internacional participativa, ampliando las oportunidades para los más pobres.

En relación con la participación de la riqueza mundial un estudio encargado por el Instituto Mundial para la Investigación del Desarrollo Económico de la Universidad de las Naciones Unidas (*World Institute for Development Economics of the United Nations University*, UNU-WIDER)[35], establece un panorama mundial de la riqueza, mostrando que el 2% de los adultos más ricos del planeta posee la mitad de las riquezas de los hogares del mundo. El estudio señala que el 1% de los adultos posee el 40% de los activos mundiales y que el 10% de los más ricos atesora el 85% de los activos mundiales. Mientras que la mitad más pobre de la población sólo es dueña del 1% de la riqueza mundial[36]. En el Mapa de abajo se ubican las concentraciones de riqueza al año 2000. Los países en rojo son aquellos que tienen un ingreso per cápita de más de 50.000 dólares anuales; entre ellos los países más desarrollados (Estados Unidos, Canadá, y algunos de los países de la unión europea, Australia y Japón), Mientras que los países de color azul son aquellos que perciben menos de 2000 dólares per cápita, entre los cuales destacan negativamente los países de África, la India, algunos países centroamericanos, países del medio oriente (principalmente aquellos afectados por la intervención bélica norteamericana) y de Oceanía.

[34] Ibid.

[35] http://www.wider.unu.edu/research/2006-2007/2006-2007-1/wider-wdhw-launch-5-12-2006/wider-wdhw-press-release-5-12-2006-SP.pdf. El estudio fue dado a conocer a la opinión pública el 05 de Diciembre de 2006.

[36] Afirman los encargados del Estudio: "Nosotros utilizamos el término (riqueza) en el sentido de valor neto: el valor de los activos menos pasivos físicos y financieros. En este respecto, la riqueza representa la propiedad de capital. A pesar de que el capital es sólo una parte de los recursos personales, se considera que tiene un impacto desproporcionado en el bienestar del hogar y éxito económico, y en sentido más amplio en crecimiento y desarrollo económicos". Cfr. Ibid.

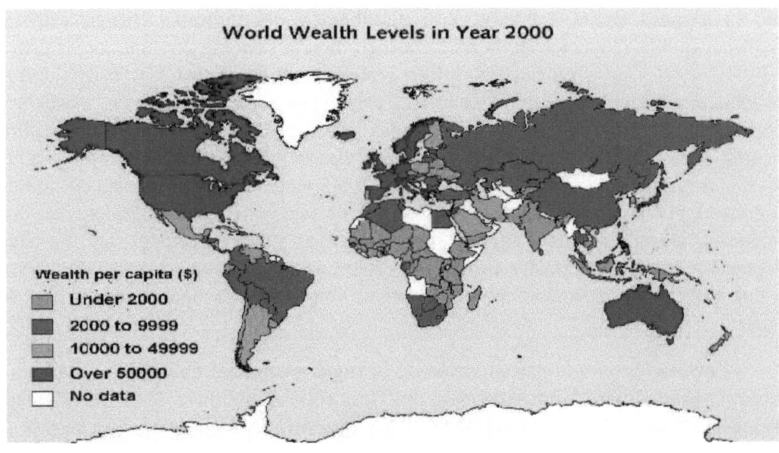


Mientras la riqueza mundial está concentrada en los países antes mencionados, es decir, en Norteamérica, Europa y los países del Alto Asia Pacífico. La población norteamericana que concentra el 34% de los activos mundiales sólo comprende el 6% de la población en edad adulta mundial. Europa y los países de altos ingresos en el área de Asia-Pacífico también tienen una riqueza desproporcional. Mientras que los países africanos, India y el resto de los países de menos recursos, presentan una participación en la riqueza mundial inferior incluso a su población. [37]

En el cuadro que presentamos a continuación, se muestra la composición actual de la riqueza, en él se puede apreciar la distribución desigual de la riqueza, ubicando a los hombres más ricos del mundo en las zonas geográficas antes mencionadas. Cada uno de estos grupos de estos países contribuye alrededor de un tercio de los miembros del segmento 10% más rico del mundo. China ocupa la mayor parte en el segundo segmento y los países del resto del Asia pacifico y África la última zona de participación en la riqueza.

[37] Ibid.

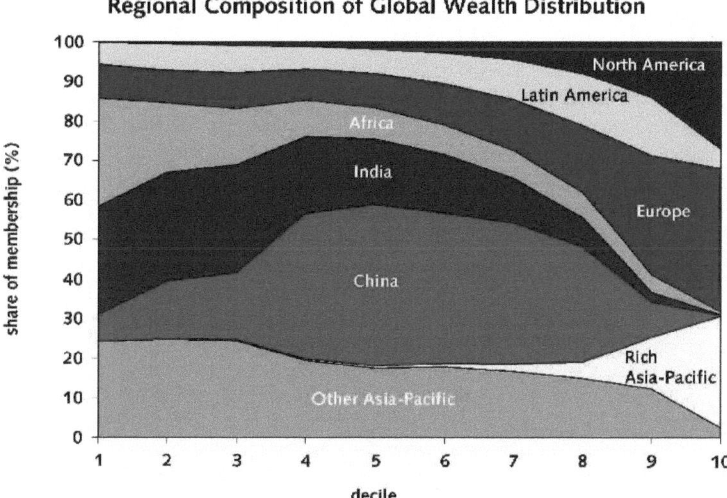


## b. ¿QUÉ PASA EN AMÉRICA LATINA?

Una vez analizado algunas características de la realidad mundial urgida de cambios profundos en la distribución de la riqueza y en la desigualdad económica y social del planeta. En América Latina, la cuestión no está muy lejos de lo analizado anteriormente. Sin embargo, y por ser éste un asunto que reclama nuestra mayor atención, debido a que nos encontramos envueltos en ella, hemos de detenernos de manera algo más extensa en ella.

La situación de pobreza y la desigualdad ha tenido muchos intentos de explicación que, creemos conveniente citar. Explicaciones que surgen luego de la segunda guerra mundial con la llamada *"fase expansiva del capitalismo mundial,"* que produce en los países más pobres una fuerte esperanza en que ahora sí ellos podrán acceder al desarrollo, esto unido a los procesos de autonomía e independencia de muchos países del tercer mundo, especialmente de África y Asia.[38]

Podemos afirmar que, a partir de la década del '50 en adelante, América Latina estuvo marcada por la generación de modelos de desarrollo, que se caracterizaron principalmente por ser "proyectos socioeconómicos que tenían por finalidad la integración

38 Camacho, Ildefonso; *Práxis Cristiana,* Tomo III, Ediciones paulinas, 1986, España, Pág. 558.

y el crecimiento económico del continente"[39]. Un primer intento por realizar una reflexión crítica de las teorías económicas venidas de los países desarrollados tiene lugar con la creación de la CEPAL en 1949. Los cepalinos, especialmente Prebisch, proponen el modelo por "*sustitución de importaciones"*, teoría que pretendía demostrar la necesidad de la industrialización en el desarrollo económico latinoamericano, debido al "estrangulamiento" exterior y al deterioro de las relaciones en los precios de intercambio. Los defensores de este modelo afirmaban que la evolución capitalista de los países subdesarrollados era completamente distinta de la de los países desarrollados.[40] Pensaban que era necesario cambiar las políticas de desarrollo que se estaban implantando como fiel reflejo de las políticas de desarrollo realizadas en los países avanzados. Se hacía necesario, pues, que la política de crecimiento económico se adecuara a las exigencias de desarrollo propias de América Latina, por medio de una política consciente y deliberada, es decir, se propone la idea de concentrar en el Estado la regulación de la actividad económica del poder privado. (la idea de planificación del desarrollo económico)

Los supuestos del modelo de sustitución de importaciones fueron que al manifestarse los límites del modelo de exportaciones o crecimiento hacia fuera así como el deterioro de los términos de intercambio, se hace necesario buscar un nuevo modelo que sirva de alternativa al anterior y genere un nuevo dinamismo a las economías latinoamericanas que respondiera a las presiones económicas externas. Esto llevó a una política de industrialización que ya se había dado parcialmente en algunas economías latinoamericanas. En este tipo de modelo adquiere un papel preponderante el Estado, asumiendo una política de desarrollo dinamizador de la economía, a través de una política de desarrollo de industrialización. Esta participación activa y reguladora del Estado radica en el hecho de que ahora a él (y no la economía privada), se le exige niveles de ocupación y de condiciones de vida.

Este modelo presupone que el ingreso aumenta con el aumento del gasto público, estimulando con ello la inversión privada, por medio de la protección arancelaria y las facilidades de crédito y de tributos. Esto llevaría al aumento del consumo. Se hacía necesario pues, según Raúl Prebisch y los integrantes de la CEPAL, aumentar las inversiones y diversificar los productos de exportación hacia el sector industrial, para aprovechar la demanda de los productos y aumentar el producto interno bruto. Esto, según ellos, permitiría el crecimiento de la producción industrial con el consiguiente dinamismo de las demandas de insumos industriales.

El Estado debía reducir aquellas importaciones que decían relación con el consumo, y debía favorecer aquellos que decían relación con la producción de capital, para que el empresario aumente la producción de aquellos bienes que han dejado de importarse. Lo

---

39 Garretón, Manuel Antonio; *Transformaciones sociopolíticas en América Latina,* en VV.AA. *cambio social y pensamiento cristiano en América Latina,* Ediciones Trotta, Madrid, España, 1993. pág. 12.

40 Prebisch, Raúl; *Hacia una dinámica del desarrollo latinoamericano,* FCE, Ciudad de México, México, 1971, Pág. 12.

cual no significaba, en un primer momento, que se eliminasen las importaciones sino solamente reducirlas a aquellos insumos necesarios para el funcionamiento de la industria nacional o aquellos productos que no se encuentran en el mercado. Se requería disminuir las importaciones en las diferentes áreas de la economía, sustituyendo bienes de consumo y luego, bienes de capital y de las importaciones en general. Esto requiere de la instalación de fábricas industriales necesarias para cubrir las demandas dentro del país.[41]

Para este modelo de desarrollo, entonces, el Estado se transforma en un recaudador de recursos para financiar, apoyar y dirigir las inversiones privadas y el aumento de los servicios públicos. En Chile, por ejemplo, surge la Corfo[42] para promover la creación de nuevos empleos y apoyar los proyectos empresariales chilenos. Esto requería del perfeccionamiento de las actividades productivas nacionales, inclusive de reorientar el desarrollo político y económico. La especialización debía ir acompañada del aumento de insumos industriales y de las actividades manufactureras que tenían en el Estado un primer promotor. Esto, trajo consigo el crecimiento del aparato estatal que se encargó de cubrir las necesidades básicas de la sociedad. El Estado juega un rol de regulador de las actividades productivas.

Sin negar los defectos de esta política, podemos afirmar que ella provocó en los países latinoamericanos que la llevaron a cabo un crecimiento económico de un 5,6% en el período 1945-1980,

> "Cuando se produce un fuerte proceso de urbanización y de industrialización en las sociedades de la región. Sin embargo, este modelo por sustitución de importaciones terminó por agotarse hacia el comienzo de los años 70 en un mundo en que ya se aceleraba el proceso de globalización de la economía y surgía con fuerza el capitalismo financiero".[43]

Los fracasos de la teoría de la sustitución de importaciones tuvieron entre otras causas el hecho de que la industria de los países latinoamericanos no pudo competir con ventaja en los mercados internacionales, debido en gran medida al rezago tecnológico que sufría, la escala de producción muy inferior a la de los países desarrollados, los obstáculos que oponían las grandes potencias a los productos manufacturados. Pero una de las causales más importantes es, según Sunkel, que el modelo por sustitución de importaciones se hizo sobre la

> "base de una producción rápidamente creciente de capital externo. Las empresas privadas extranjeras, las nacionales asociadas con capitales foráneos y las que producen mediante acuerdos

41 Sunkel, Osvaldo; *El subdesarrollo latinoamericano y la teoría del desarrollo,* Siglo XXI editores, Ciudad de México, 1970, pág. 350.

42 La Corporación del fomento y de la producción.

43 Arroyo, Gpnzalo; *Síntesis y reflexión sobre aspectos económicos del neoliberalismo*, en Revista "Persona y Sociedad", Volumen XIII, Nº 2, Agosto de 1999.

para el uso de una patente o marca registrada extranjera van predominando en forma creciente en estos países."[44]

Este desarrollo hacia adentro, solamente favoreció a algunos países, tales como, las grandes economías latinoamericanas de Brasil, Argentina y México y a países con una economía medianamente grande como lo es Chile. Sin embargo, en los demás países este modelo se aplicó tardíamente[45]y con pocos resultados.

Este modelo se aplicó en dos grandes períodos; el primero, que se extiende hasta mediados del 60 se puede catalogar como período de "sustitución fácil"[46] y que solamente es logrado por las grandes y medianas economías y que dice relación con la instalación de industrias fabriles y ligeras. El segundo período, que es característico, especialmente en las grandes economías latinoamericanas, por el gran dinamismo y la importancia "creciente de los bienes de consumo duradero y de inversión, proceso en el cual tienen una significación especial las empresas transnacionales."[47]

Esto da pie para el surgimiento de una forma de pobreza totalmente nueva; la pobreza urbana que acompaña los procesos de industrialización, resultado del gran crecimiento demográfico debido, en gran medida, por la disminución de los índices de mortalidad, gracias a los avances científicos y técnicos. Sumemos a esto, que en este tiempo se producen las migraciones numerosas a las grandes ciudades, con lo que se inicia el proceso de urbanización acelerado y la concentración de la población en las capitales de los países. Esto, como es lógico, produce el colapso de las capacidades productivas que ofrecía la urbe a los nuevos demandantes.[48]Es así como surgen las "Favelas" en Brasil, "Tugurios" en Colombia, "Cantegriles" en Uruguay, poblaciones "callampas" en Chile, etc. especialmente en las economías más grandes y medianas de la región.

El fracaso de esta teoría, dio paso a lo que se conoció como la teoría de la dependencia, que era un intento de explicar el subdesarrollo de América latina en la fase de

---

44 Sunkel, Osvaldo; Op. Cit. pág. 371;"En la medida en que la expansión de la industria nacional depende del aporte financiero y técnico exterior, la política de sustitución de importaciones desemboca en una situación paradójica; se crea un sector industrial incapacitado, por la naturaleza de sus vinculaciones externas, para constituirse en un sector exportador de importancia. Cuando se percibe la verdadera naturaleza del problema, pueden a su vez formularse soluciones, sobre todo porque ya existe un sector industrial importante sobre el cual apoyarse, que es, justamente, y pese a sus defectos, la contribución fundamental que hizo la política de sustitución de importaciones. Sin embargo, mientras no se reconozca claramente la naturaleza intrínseca del problema, el gran esfuerzo de promoción de exportaciones de manufacturas que ahora se realiza tiene posibilidades muy limitados de éxito."

45 Pinto, Anibal; *América Latina, una visión estructuralista*, Ed. Facultad de Economía de la Universidad autónoma de México, s/f, pág. 560.

46 Ibid.

47 Ibid.

48 Se produce así la imposibilidad de las empresas de absorber la mano de obra disponible que va en aumento y crece, por lo tanto, los índices de desempleo en la región.

expansión del capitalismo industrial. Esta teoría tiene dos puntos de origen; uno es la teoría del imperialismo de Lenin (1916), recogido por F.H. Cardoso en el año 1973 como impulso inicial; otro origen fundamental, es el de la crítica a la teoría de la modernización de Germani y al desarrollismo propuesto por la CEPAL, prevalecientes en la vida intelectual latinoamericana de los años 50 y 60. A partir de estos dos puntos, los dependentistas formularán su propio diagnóstico acerca de las condiciones en las que se encuentra América latina. Si bien, no existe una sola escuela, la más conocida es la de Cardoso y Faletto. Estos enfoques tienen un mismo punto de partida; la relación centro- periferia.

Según Cardoso, siguiendo a Lenin, la escisión del capital industrial del financiero y comercial producía que el capital industrial fuera subordinado al financiero, que era un incentivo para la exportación de capitales hacia los países periféricos o que recientemente se habían integrado al mercado capitalista. Esta intromisión de capital en los países periféricos es lo que Lenin llama etapas del imperialismo, que produce grandes transformaciones políticas y económicas, como por ejemplo, el surgimiento de nuevas clases sociales, las que intentan asumir un nuevo rol en sus sociedades. En esta etapa los mercados nacionales tienen una función exportadora, lo que permite que los países del centro pudieran estabilizar sus niveles de vida, el abaratarse el costo de materias primas importadas de los países latinoamericanos (que tenían una función meramente exportadora de productos primarios).

De acuerdo a lo visto en el párrafo anterior, este modelo consideraba que el desarrollo de los países latinoamericanos era imposible, debido a la estructura dominadora y centralista de las grandes potencias. Los primeros, por su elevado nivel de endeudamiento, que llegaron a ser insostenibles, y los acreedores, por su parte, fueron muy propensos al préstamo sin garantías necesarias para ello, especialmente los préstamos de capitales financieros.

En esta época se produce, por parte de las grandes empresas transnacionales, la adopción de estrategias agresivas de internacionalización comercial y también productiva.[49] Como lo afirman Calderón y Dos Santos:

> "Entre los factores de crecimiento del intercambio se destacan: la reducción de las barreras aduaneras, el crecimiento del comercio entre filiales de transnacionales, la generalización de rendimientos crecientes según la escala en numerosas actividades industriales y las diferencias de costos de factores entre las regiones industriales tradicionales y las nuevas áreas integradas al comercio internacional"[50]

Esto hace que los países periféricos vean sus economías contraídas, produciéndose en ellos un acrecentamiento de su nivel de endeudamiento; ya que, el sector industrial no

---

49 Calderón, Fernando Dos Santos, Mario; *Sociedades sin atajos, cultura, política y reestructuración económica en A.L.,* Editorial Paidós, España, 1995, pág 156.

50 Ibid.

crece, y por otro lado, aumenta el carácter dependiente pues se ven obligados a solicitar préstamos financieros.

En este contexto se mantiene lo que Cardoso y Faletto denominaron "pacto de acumulación dependiente";[51] que consiste, en no motivar la transformación de la matriz económica ante las demandas y transformaciones de los países desarrollados y a las de la economía mundial.

> "Efectivamente, el pacto de acumulación / industrialización dependiente promovido por actores transnacionalizados y Estados se orientó, sobre todo, a consolidar un modelo económico extravertido sin gestar condiciones de largo plazo para un salto en la productividad que asegurase competitividad en las nuevas condiciones"[52]

Este avance del imperialismo o capitalismo financiero, impide el crecimiento de los mercados internos por la internacionalización de otros factores capitalistas en los mercados nacionales. Estos factores capitalistas buscan aumentar sus ingresos abaratando sus costos. Además que las economías internas se ven llevadas por una estructura tal que "lleva a consumir lo que no producen y a producir lo que no consumen", estancando, como dijimos, el desarrollo industrial.

Por eso, afirman, los dependentistas, las teorías desarrollistas se han equivocado en su análisis de la realidad. El impedimento, para acceder al desarrollo de las sociedades latinoamericanas, se debe a que éstas se encuentran inmersas en un proceso mayor de expansión capitalista en la que se ven transformados los actores tradicionales y las condiciones de la economía interna sufren cambios.[53]

Las causas del subdesarrollo en las que se encuentran los países latinoamericanos son, en fin, debido a la incapacidad que tienen las oligarquías, o elites gobernantes, de dar respuesta a los desafíos que le presenta la coyuntura y a la incapacidad de responder independientemente de los intereses de los países desarrollados o los grandes centros financieros. Estas elites, son, para los representantes de este enfoque, el puente de internalización más idónea de los capitales imperialistas que hacen usufructo de los recursos de los capitales de las economías nacionales, y con ello, el crecimiento de los países periféricos es limitado.[54]

Será necesario, pues, que esta dependencia de los países latinoamericanos con respecto al centro se pueda romper para poder acceder al desarrollo. Esto, producirá que el control social de la producción y del consumo ejercido por estos centros ya no se produzca. Lo mismo, ya no se producirán las distorsiones y deformaciones de las estructuras

51 Cf. Cardoso, F.H.; "Estado y sociedad en América Latina", Ediciones Nueva Visión, Buenos Aires, 1973, .pág. 67.

52 Calderón Fernando Y Dos Santos Mario, Op. cit. Pág. 156.

53 Cardoso, F.H. ; Op. cit. Pág. 67

54 Zapata, Francisco; *"Ideal y política en América Latina"*, Ed. El colegio de Méjico, Ciudad de México, 1997, pág. 230.

económicas de la periferias. Esta dependencia de los grandes centros lleva a un intercambio desigual entre los países capitalistas y periféricos, ya que los países capitalistas expropian el trabajo de los de la periferia y toman las ganancias de éstos, impidiendo su posterior desarrollo y que las riquezas de las economías nacionales se puedan desarrollar, pues, las ganancias van a manos de capitales extranjeros.

Esta dependencia, según Cardoso y Faletto, no se aprecia tan sólo en el ámbito económico sino también, se da sobre todo a nivel político. La teoría de la dependencia tiene como finalidad ver cómo las relaciones de dependencia económica trae consigo una dependencia social y política, transformando las relaciones de las clases y del carácter del Estado. El Estado se vuelve igualmente dependiente de las economías de los grandes centros, manteniendo una actitud pasiva ante la intervención de capitales extranjeros en sus economías.

A esto debemos agregar la incapacidad del estado para satisfacer las demandas de la población, a lo que ayudó obviamente, la naturaleza dictatorial de los regímenes políticos imperantes en la región, que acentuaron contenidos regresivos del modelo global.[55]

La década de los 70 y 80, se caracteriza especialmente por la emergencia de la crisis de la deuda externa. Ella surge por los recursos abundantes que disponían los mercados financieros como consecuencia de la acumulación de petrodólares derivadas de las alzas de los precios del petróleo.[56] Los grandes bancos estaban interesados en poner en movimiento esos grandes recursos, muchos países en vías de desarrollo necesitaban capital para financiar sus proyectos. Los préstamos fueron abundantes, "y no siempre exigieron los prestamistas unas garantías mínimas a los prestatarios."

> "En la década de los 80 se produce una gran crisis de la deuda externa de las naciones latinoamericanas lo que conduce a las duras políticas de ajuste macroeconómico impuesto por el FMI, el Banco Mundial y los gobiernos de los países industrializados. Fue la mayor crisis sufrida por

---

55 Ibid, pág. 156.

56 Ffrench-Davis, Ricardo; *"Macroeconomía, comercio y finanzas, para reformar las reformas en América Latina",* Mc Graw Hill Interamericana, 1999, pág. 67.Los factores que permitieron este endeudamiento son: "Por una parte, en el período de posguerra hubo una gran transformación estructural de la industria bancaria comercial de Norteamérica, que dio lugar a un comportamiento más agresivo en materia de colocación de capitales. Esta nueva tendencia comenzó en el mercado de los Estados Unidos en los años cincuenta , pero no tendió a institucionalizarse sino hasta fines de los años sesenta y en los setenta. Al principio, la competencia con los bancos para nuevas colocaciones se concentró principalmente en los países industrializados, sin embargo, a partir del inicio de los 70, la búsqueda de nuevos clientes se tornó más intensa que los préstamos rebasaron hacia los países en desarrollo. América Latina fue la región más cotizada, debido a su desarrollo relativo mayor y su carácter de mercado natural para los bancos estadounidenses, entonces líderes de la expansión bancaria internacional"

el subcontinente desde la recesión mundial de los años 30, cuando colapsó la bolsa de Wall Street." [57]

Es decir, la causa de la crisis radicó en la responsabilidad compartida de deudores, acreedores, gobiernos e instituciones internacionales. Los primeros, por su elevado nivel de endeudamiento que llegaron a ser insostenibles. Los acreedores, por su parte como lo afirmamos más arriba, fueron muy propensos al préstamo sin garantías necesarias para ello, especialmente los préstamos de capitales financieros. Los gobiernos y las instituciones, por su parte, no fueron capaces de mirar el contexto con una perspectiva más analítica y mantuvieron más bien una mirada ingenua ante la situación permitiendo, alentando y reduciendo las restricciones para los préstamos, impidiéndoles una visión más amplia y completa de la situación que se estaba generando, y con ello, se volvieron incapaces de vislumbrar los efectos negativos que se generaron posteriormente. A esto, le debemos sumar que la tasa de interés que, en un principio fue pactada a un 7%, tuvo un alza considerable, llegando a un 12%, suma que era imposible pagar por los países en desarrollo. Esto sumado a la gran recesión internacional, debida a la crisis del petróleo y a la desconfianza de los prestamistas a seguir concediendo créditos a los países latinoamericanos produjo la crisis.

En palabras de Touraine este período se debe a que:

> "El aumento vertiginoso de esa deuda, a principios de los 80, se explica en gran medida por el aumento de la tasa internacional de interés, que proviene ante todo del déficit fiscal norteamericano, por el deterioro de los términos de intercambio, por las restricciones aportadas por los países industrializados a la entrada de productos del tercer mundo y por la pérdida del poder de compra de esos países."[58]

Es decir, esta crisis comienza a gestarse cuando los bancos, especialmente norteamericanos, comienzan a expandir sus préstamos y créditos a países en desarrollo, especialmente los países latinoamericanos. América Latina era vista como una región que podía experimentar altos niveles de superación del subdesarrollo. A ella pues, tendieron las políticas de estos bancos de prestar dinero y a ella recurrieron los países latinoamericanos ante la facilidad que se les otorgaba. Esto sumado, a que el aumento del precio del petróleo produjo el efecto de que los países latinoamericanos se endeudaran cada vez más. En palabras de Prebisch:

> "Existió una alianza espuria entre los bancos y los gobiernos, sobre todo de los países en desarrollo en América Latina, quienes emancipándose de la tutela del FMI y de su condicionalidad, se dejaron seducir por las operaciones rápidas que los bancos realizaban para obtener grandes beneficios, que a veces han alcanzado el 50% de los beneficios totales de las instituciones"[59]

---

57 Arroyo, Gonzalo; Op. Cit. Pág. 117.

58 Touraine, Alan; *América Latina, política y sociedad,* Editorial Espasa Calpe, Santiago de Chile, pág. 381.

59 Prebisch, Raúl; *Centro y periferia en el origen y maduración de la crisis,* en Revista "Pensamiento Iberoamericano, Nº 3, enero-junio de 1983, pág. 39.

En segundo lugar, se produce un crecimiento del mercado financiero privado, que hacía varios años atrás no experimentaba crecimiento, junto a la participación de los países en desarrollo en éste, de forma activa. Esto debido, en gran medida, a al excesiva oferta que se había generado, ignorando que la situación que se estaba viviendo, no podía mantenerse de forma permanente.

Sin embargo, es preciso señalar que las consecuencias de la deuda externa son distintas, según la forma cómo los países la enfrentan y cómo organizan su política económica, social y depende de las actuaciones de los actores políticos en ella.[60]

Otro de los elementos, que es importante tomar en cuenta es, que los mercados financieros privados en ésta década tuvieron tasas de interés negativas, debido a la competencia entre los bancos por otorgar créditos y renegociaciones de créditos a plazos más bajos que los oficiales[61]. Esta facilidad de otorgar créditos y renegociaciones de créditos a plazos más cortos que los anteriores, fue favoreciendo el deterioro de los términos de intercambio comercial y financiero en las economías latinoamericanas.

La facilidad de créditos por parte de los bancos privados, llevó a muchos países a destinarlos a bienes de consumo que eran prescindibles o a gastos militares, etc. Los que de ninguna forma no ayudaron al crecimiento de la producción y de la economía en general.

Tras un largo período de fuerte crecimiento, el continente se hunde, a partir de 1981, en una crisis tan violenta que muchos países ven retroceder su nivel de vida quince o veinte años. "Un cambio de coyuntura de semejante importancia obliga a reconsiderar los análisis anteriores"[62]

> "Durante varios años el incremento de la deuda bancaria provocó una fuerte acumulación de reservas internacionales en los países latinoamericanos, creando una percepción de abundancia de moneda extranjera que presionó hacia una apreciación cambiaria en la mayoría de los países."[63]

Sin embargo, el corte brusco de financiamiento de los bancos hacia América Latina provocó la grave crisis en toda la región, que perduró prácticamente en todo el decenio. Esta readecuación económica, "de una excesiva abundancia a una extremada escasez de fondos,"[64] sin lugar a dudas, que sumergió a nuestros países en una situación que ha provocado muchos costos sociales y económicos, retrasando el crecimiento económico por unos veinte años y marcando a esta década como la década perdida para América latina. Entre las características de la crisis de los ochenta, se encuentran; una nula inversión extranjera, debido a la inestabilidad social, económica y política en los países de la región;

60 Touraine; Alan; Op. cit. Pág. 382.
61 Ffrench-Davis, Ricardo; Op. cit. Pág.. 68.
62 Touraine, Alan; Op. cit., pág. 381.
63 Ffrend-Davis; Op. cit. Pág. 68
64 Ibid.

el aumento del desempleo en tasas desorbitantes, la disminución del gasto social, entre otros.

> "El alza unilateral e ilimitada de las tasas de interés ha sido la causa del monto actual de la deuda(...) el monto efectivamente prestado por la banca acreedora al conjunto de los países latinoamericanos, préstamos que fueron el origen de la deuda externa, son 86.000 millones de dólares; y el monto de lo pagado por los países a la banca acreedora, de 1980 a 1990, son 418.800 millones de dólares. Y a pesar de esto, la banca acreedora reclama hoy a América Latina 533.000 millones más. En otras palabras, los países del continente ya han pagado casi 5 veces la suma original del préstamo y, sin embargo, aún queda por pagar 6 veces más"[65]

Esto obligó a los países a realizar ajustes estructurales, de corte neoliberal.[66]Estos cambios pasaban por establecer cambios estructurales. Estas se plasmaron en grandes reformas, a saber[67]:

- La liberalización de casi todos los precios.
- La tendencia desreguladora de los principales mercados, especialmente los mercados de capital y de divisas, no así el mercado del trabajo.
- La eliminación de los subsidios.
- La búsqueda del equilibrio fiscal.
- La generalizada eliminación de casi todas las barreras arancelarias.
- La reducción de los aranceles aduaneros.
- La privatización de empresas públicas en sectores competitivos.
- Privatización en áreas que eran consideradas tradicionalmente como propias del Estado; seguridad social, Educación y salud.

La crisis y los posteriores ajustes estructurales de los años 80 – 90, para hacer frente a ella, en América Latina, dejan unas lecciones que merecen tener presentes para aprender de ella. Con ello, estamos afirmando, junto a la CEPAL, que esta década es un período de aprendizaje forzoso para el continente, porque:

---

65 Mifsud, Tony; "Análisis ético del neoliberalismo", en Revista "Persona y Sociedad", Volumen XIII, Nº 2, Santiago de Chile, agosto 1999.

66 De ellos Chile es el primero en realizarlas. Luego que el régimen dictatorial del Sr. Pinochet aplaudiera y diera luz verde a las reformas estructurales en materia económico-social.

67 Cf. Ramos, Joseph; *¿Somos todos neoliberales hoy? Un balance de las reformas estructurales neoliberales en América Latina,* en Revista *Persona Y Sociedad,* Volumen XIII, Nº 2, Santiago de Chile, agosto de 1999, pág. 65.

- Los países deudores fueron muy débiles ante las malas condiciones de la programación de la deuda por parte de los acreedores, que exigían su pago, por medio de la coordinación entre ellos. Lo más lógico en una situación de crisis como ésta es la realización de alianzas entre los países de la nación, y otros en vías de desarrollo, que se encontraban en la misma situación, para negociar de manera distinta, y con más garantías, el pago de éstas.

- El esfuerzo excesivo de los países de la región por pagar la deuda hizo que se produjera un desequilibrio entre la situación externa e interna, llegando a sacrificar estabilidad democrática y la consolidación del Estado democrático, la inversión social, etc. Para poder hacer frente al pago de la deuda externa.

- La reducción de los créditos obliga a los países latinoamericanos a declarase incapaces del pago de dicha deuda por la escasez de recursos. Sin embargo, no existieron políticas y estrategias de desarrollo que hicieran compatible el crecimiento interno con las restricciones que imponía la economía internacional.

- La contracción de las economías latinoamericanas permitió la solvencia de la banca. Además, que ello permite una motivación al ahorro de parte de los países deudores para no verse envueltos nuevamente en esta situación.

- Esta crisis produjo la reducción del consumo, una baja en la actividad económica de las naciones latinoamericanas, acompañada por el deterioro de las transferencias financieras y de los intercambios comerciales.

## 3. LA INDIFERENCIA NEOLIBERAL

La década de los noventa representó para América Latina una serie de cambios a nivel político y socioeconómico. Por un lado, a niveles macroeconómicos asistimos a niveles de crecimiento en el PIB a escala continental a su vez asistimos al aumento de la pobreza urbana. Esto fue posibilitado, según varios investigadores, por la implementación de políticas macroeconómicas de corte neoliberal.

Pero en resumidas cuentas ¿Qué es el neoliberalismo? ¿Por qué su importancia en el contexto actual? ¿Por qué frente a él hay tenaces detractores y fanáticos propulsores? ¿Cuál es análisis ético que podemos hacer de él? Entenderemos por neoliberalismo aquí a una manera particular de entender el mundo, de pensarlo y actuar sobre él, en vistas a la organización socioeconómica centrada en la sobrevaloración de la libertad[68] como valor absoluto y la confianza en el carácter egoísta del hombre, encerrado en sí mismo y sin necesidad de los demás. Al tratarse de una manera particular, y por tanto, de una sesgada mirada del hombre y de la realidad, que afirma la supremacía de la libertad económica y la confianza ciega en el mercado como asignador de justicia social, no es un sistema conceptual totalmente comprendido ni mucho menos de un cuerpo doctrinal enteramente homogéneo[69], aunque sabemos, que se trata de una ideología que tiene sus raíces en la tradición liberal y que ha significado más de una reflexión detallada acerca de su praxis histórica. Surge como una creación teórica y política vehemente contra el Estado intervencionista y de bienestar y se establece como la forma de limitar la participación del Estado en toda actividad económica .Establecen como principio fundamental que los "mercados resuelven todos los problemas económicos y los problemas sociales con implicaciones económicas mejor que las administraciones públicas."[70]

[68] El concepto de Libertad en el neoliberalismo es restrictiva, en la medida en que sólo hace referencia a una libertad de tipo económica. Esta libertad económica es condición de posibilidad de las demás libertades; políticas, culturales, de asociación, etc. Se establece que la libertad es aquella concebida como ausencia de coacción arbitraria ajena. Tal concepto de libertad no puede confundirse con el de la libertad definida como poder.

[69] Cfr. Cristianisme i Justicia; *¿Mundialización o Conquista?*, pág.59.

[70] Ibid.

## 1.2 ANTECEDENTES HISTÓRICOS DEL NEOLIBERALISMO; EL LIBERALISMO

Los antecedentes del neoliberalismo los ubicamos históricamente, y aunque esto suene a perogrullo, en los orígenes del capitalismo en el que la aparición de nuevas formas de intercambio y organización económica dejaron atrás los tradicionales intercambios presididos por el trueque, centrada generalmente en el sector agrícola, que era su base económica . Esta economía centrada en el escaso nivel productivo hacía que todo el trabajo humano se consumiera solamente en la necesidad de producir aquellos bienes de necesidad más inmediata. En la economía medieval feudalista existía un fuerte carácter paternalista, en la que el intercambio económico entre el siervo y el señor feudal tenía ciertos límites, pues este último llegaba a tener la responsabilidad de protegerlos y alimentarlos de sus propios bienes en tiempos de hambre, por lo tanto, era una economía de la subsistencia, y por ende, los conceptos de desarrollo, movilidad del mercado apenas existían. La economía medieval sabía de la existencia de un sólo sector productivo; el del sector primario (cultivo de la tierra y extracción de productor de ésta) en la que, como afirmábamos, se ocupaba toda la fuerza de trabajo, tarea en la que no habían herramientas técnicas para asegurar una mayor eficacia de éste.[71] No existía una idea de progreso económico social, ya que generalmente los sujetos que nacían en una misma clase social morían en la misma. Esta mentalidad de resignación era alentada por el discurso eclesiástico que invitaba a no preocuparse por mejorarla y donde existía una clara prohibición de lo que hoy denominamos utilidad. Este surgimiento de un nuevo agente económico, el capitalista, aseguraba el ingreso al ámbito de lo económico de un nuevo factor; el del capital. La palabra Capital tiene su origen probablemente en el antiguo préstamo de ganado cuando éste servía como medio de comparación de los valores y hacía la función del dinero. Se prestaba cierto número de cabezas de ganado (cápita) y se recibía como compensación prestaciones de leche, animales jóvenes, abonos, etc.[72]

Sin embargo, el capitalismo no es un acontecimiento espontáneo en la historia de occidente sino más bien fue un largo camino que tiene sus raíces en algunos hechos. Entre ellas tenemos, en primer lugar, el desarrollo de las ciudades en los siglos XII y XIII, que posibilitaban la concentración de grupos humanos procedentes del campo que huían del sistema feudal. Aquí comienza a forjarse una nueva clase social; la burguesía, nacida del surgimiento del comercio local que se enriquecía gracias a un sistema de fuerte protección y monopolio con el apoyo de autoridades políticas, a cuyos puestos accedían además con frecuencia los económicamente poderosos. Esta burguesía comienza a incrementar su fortuna a costa de la nobleza feudal, cada vez más endeudada por la empresa de las

[71] Al parecer, en Francia hacia el año 1789 las clases campesinas que constituían la mayoría de la población, empleaba el 50% de sus ingresos en pan, y el trabajador agrícola producía al año una cantidad media de alimentos que sólo sobrepasaba en un 20 o un 30% el consumo de su propia familia

[72] Cfr. Camacho, Rincón, Higuera; *Práxis Cristiana, Tomo III, Opción por ala justicia y la libertad*, Ediciones paulinas, año 1986, pág. 436.

cruzadas, la caballería y el propio afán de ostentación, impulsando el cobro excesivo de impuestos y prestaciones personales, acelerando la migración hacia las ciudades.

Un segundo factor, que a nuestro entender, favorece el surgimiento del capitalismo fue el descubrimiento de nuevos mundos. Los descubrimientos geográficos de los siglos XV y XVI, sobre todo de Portugal hacia Oriente y España hacia Occidente produjo la necesidad de ampliar los intercambios de nuevos productos tales como el café y el azúcar y nuevos gustos y lujos, que sin duda, benefició a una clase muy reducida, decidida y aventurera, que tuvo el control exclusivo de los beneficios económicos de estos descubrimientos.

Un tercer factor que posibilitó un capitalismo emergente fue el descubrimiento de metales preciosos tanto en América como en África. Estos metales sirvieron para facilitar el intercambio comercial gracias a una cantidad cada vez mayor de dinero en circulación. Por lo tanto, debemos concluir a propósito de lo ya mencionado, que el comercio juega un papel central, ya que en ella se produce una acumulación originaria que luego dará paso al capitalismo industrial, el cual diríamos es en sentido estricto capitalismo. El capitalismo industrial surge en Inglaterra en el siglo XVI y tiene su momento explosivo en la revolución industrial del siglo XVIII, que supone la generación y universalización de nuevas relaciones de producción, que separa capital y trabajo. Esta revolución tuvo como ideología de fondo el liberalismo económico que enfatiza una concepción de la persona que exalta su dimensión individual y su libertad, que tiene sus propias exigencias para la organización de la sociedad y de la economía. En concreto podríamos decir, que el liberalismo propone la afirmación de la libertad y de la empresa individual.

Uno de los exponentes de esta nueva doctrina económico ideológica es Adam Smith[73], quien expresará que dejando a cada individuo actuar de acuerdo con sus intereses, aún los más egoístas, se obtendrá como resultado el bien de toda la sociedad, gracias a un mecanismo oculto, al que se denominará *"mano invisible"*, el cual se encargará de conducir los esfuerzos individuales de todos al bien de la sociedad.[74] Afirma Smith que al Estado le

[73] Adam Smith(1723-1790) nació en Escocia. Estudió ciencias Morales y Políticas y Lenguas en Oxford. Se le considera como el fundador de la escuela clásica. En 1759 publica su libro la "teoría de los sentimientos morales", dedicándose a partir de ese momento más a la jurisprudencia y a la Economía que a las doctrinas morales.
En 1776, publicó la investigación sobre *"La Naturaleza y Causas de la riqueza de las Naciones"*. Su fama fue inmediata y la reputación de Smith quedó sellada. Poco antes de su muerte sus manuscritos fueron destruidos por expreso deseo suyo y sin que mediara explicación alguna.
Para Smith la solución al funcionamiento de la economía está en las leyes del mercado y en la interacción del interés individual y la competencia. El empresario se ve obligado a vender sus mercancías a un precio próximo al costo de producción; ha de ser lo más eficiente posible para mantener sus costos bajos y permanecer en condiciones competitivas."Alonso, Pilar, Mochón, Francisco; Economía Básica. Chile una realidad, Pág. 51.

[74] "La mano invisible del mercado no sólo asigna las tareas, sino que también dirige a las personas en su elección de ocupación y hace que tengan en cuenta las necesidades de la sociedad. De la misma forma, el

corresponderá el ser guardián de la libertad, garantizando las reglas del juego para que las libertades individuales puedan actuar. Esta idea fue expuesta en las leyes promulgadas en Francia en 1791, el conocido decreto de Allarde, que proclamaba la libertad de comercio y de la industria contra las restricciones del sistema gremial y del monopolio de los grandes comerciantes y la ley de Le Chapelier que prohíbe todo tipo de corporación, así como toda agrupación que se quiera hacer en nombre de un cierto interés común. David Ricardo[75], por su parte, establece que la inversión no se puede esperar de los trabajadores asalariados, ya que los salarios se mantendrán siempre en el nivel de la subsistencia, lo que sin duda, afirma él, hace imposible que los trabajadores asalariados ahorren para invertir, mucho menos se puede esperar de las rentas de la tierra. Sólo los dueños del capital tienen la posibilidad de la inversión, ya que ellos tienen una mentalidad de lucro y serán capaces de multiplicar sus ingresos realizando ahorros que le aseguren un crecimiento futuro. Ahora bien, añade Ricardo, los beneficios serán cada vez más reducidos debido a la competencia. Por eso es difícil hablar de un crecimiento a largo plazo sino más bien de una economía futura sin crecimiento o lo que él denomina estado estacionario. Por lo tanto, es impensable establecer que los salarios aumenten más allá de lo necesario para la subsistencia, por lo que hay que mantener cierto límite o mínimo salarial para asegurar el crecimiento, ya que al mantener bajos salarios hace posible que las empresas puedan contratar más empleados debido a la gran oferta de mano de obra. Esta ley fue conocida como la ley de bronce de los salarios.

Estos exponentes de la denominada escuela de la economía clásica tiene como bases de actividad el principio doctrinal del "Laissez-faire, laissez-passer" que establece que mientras cada individuo busca su propio interés este interés individual es garantía del funcionamiento del mercado que se encarga de coordinar adecuadamente las acciones individuales de carácter económico (la libertad individual y el juego de intereses) "para conseguir un cúmulo de riquezas mayor del que se podría lograr con otros métodos de organizar la economía".[76]

El capitalismo o liberalismo económico tuvo una gran incidencia en el aumento de la producción y de los recursos disponibles para toda la sociedad. Sin embargo, la desventaja aguda de este sistema fue la distribución desigual del ingreso, especialmente en los centros urbanos industrializados en los que existe una gran mano de obra disponible,

---

mercado regula cuáles son las mercancías que han de producirse. La esencia de la economía de mercado es que en ella todo se convierte en mercancía con un precio y que la oferta de estas mercancías es sensible a los cambios de precio." Ibid.

[75] Al Igual que Adam Smith, David Ricardo es considerado uno de los padres de la economía liberal clásica. Nació en Londres. Se dedicó al estudio sistemático de la Economía Política: La riqueza de las naciones de A. Smith lo condujo al mundo de la economía. De pensamiento deductivo, Ricardo desplazó el centro de gravedad económico desde la producción a la distribución, siendo una de sus grandes aportaciones la teoría del valor – precio."Ibid. pág. 229.

[76] Mifsud, Tony,. Análisis ético del Neoliberalismo; en Revista *Persona y Sociedad* de la Universidad Alberto Hurtado, Volumen XIII, Nº 2, Agosto de 1999.

debido a la búsqueda de nuevas expectativas de personas venidas del campo a la ciudad, provocando situaciones de contratación más infrahumanas. Este binomio desigualdad/miseria, propio de la sociedad capitalista hace posible una constante; la relación de crisis periódica que identifica al sistema. Estos períodos de crisis se caracterizan por la caída incontrolada de precios, la quiebra de muchas empresas y el aumento del desempleo.

Debido a esta situación de crisis periódica, de desigualdad y miseria es que surgen diversas corrientes opuestas o alternativas a esta forma de organización económica; los socialismos de comienzos del siglo XIX. Entre estos numerosos movimientos hay una constante; *la idea de proponer un rechazo al orden existente y denunciar la propiedad privada como el origen de todos los males.* Los conocidos socialismos utópicos cuyos principales exponentes fueron Robert Owen (1777-1858) Saint Simon (1760-1825) Fourier (1772-1837).1 Pero sin duda, el que acaparó más importancia fue la propuesta de Karl Marx, conocida como socialismo científico o socialismo marxista.

Marx, quien conocía la miseria del proletariado industrial y en su análisis del sistema capitalista, intenta buscar las causas de dicho binomio desigualdad/miseria por medio de un análisis histórico científico del capitalismo, el cual le permitiría conocer la evolución previsible de dicho sistema y aprovechar las oportunidades de acelerar el curso de los acontecimientos para salir cuanto antes de aquel estado de cosas. Sin embargo, esa no era su única preocupación, lo que le interesa es más bien salir de este binomio desigualdad/miseria haciendo un aporte alternativo y opuesto al liberalismo. Podemos decir que el trasfondo filosófico que acompaña a Marx es el ideal Hegeliano, que establecía que la dialéctica es el principio articulador de las ideas y la ley universal de toda la realidad. Pero la dialéctica marxista introduce ciertos cambios en la idea hegeliana de dialéctica, afirmando que la materia juega un rol fundamental.

> "Marx unió en su filosofía el materialismo, principio fundamental de la filosofía de Feuerbach, con el cual rechazó el idealismo de Hegel, y la dialéctica de Hegel, con la cual rechazaba una parte importante de la filosofía de Feuerbach"[77]

Una de las ideas centrales del pensamiento marxista establece que una de las causas del binomio desigualdad/miseria se encuentra en la propiedad privada de los medios de producción que es una expresión de la maldad misma de la estructura del sistema que es además la contradicción que está en la esencia del sistema y el germen de su autodestrucción y por lo tanto, establece el análisis que llegará el día en el que éste sistema desaparezca por su propia dinámica. La doctrina marxista postula que el desarrollo de la sociedad es fruto de las fuerzas de producción económicas y por eso, no tiene sentido el cambio político si no va acompañado de la transformación de las estructuras económicas. En su obra *"El Capital"* se esfuerza por demostrar cómo el capitalismo se destruirá por su misma dinámica para dar paso al socialismo. Es con este objeto que elabora su teoría de la

[77] De Yurre, R; *El Marxismo*, BAC, tomo I, pág. 92.

explotación, que es un intento por explicar por qué la miseria de la clase obrera va en aumento. Según Marx, el sistema económico de su tiempo se caracteriza por estar totalmente volcado hacia el mercado: se produce buscando no la satisfacción de las necesidades sino el intercambio productivo a través de la venta en el mercado. Es por tanto, un sistema mercantilista, en el que interesa más el valor de cambio de un producto (su posibilidad de ser intercambiado) que su valor de uso (su utilidad efectiva). Se trata, por tanto, de producir para vender, por eso el producto es, ante todo, mercancía.

El sistema capitalista es, ante todo, un sistema mercantilista, en cuanto incluso el trabajo humano es considerado una mercancía. Para Marx el trabajo es aquello que el capitalista compra al trabajador. Sin embargo, el trabajador no sólo vende su trabajo sino que sobre todo su fuerza de trabajo, es decir, su capacidad de trabajar. Por eso el capitalista no le paga por las horas que trabaja sino por un criterio más descarnado. Le paga como se fijan los precios en el mercado, atendiendo al *principio de equivalencia*, es decir, en el caso del trabajador asalariado le paga según éste necesite para sobrevivir. Por eso, el trabajador trabaja y produce mucho más y ese *plus* de trabajo que él realiza por encima de lo que necesitaría para producir el equivalente a lo que necesita para subsistir, es lo que se apropia indebidamente el patrón. El plus trabajo, como lo denomina nuestro autor, produce un valor, es decir, una *plusvalía que queda enteramente en manos del* capitalista. Esta plusvalía, según Marx, es la clave de la explotación capitalista. A diferencia de los socialistas utópicos, Marx, no ve en la Propiedad Privada una cuestión moral que dependa de la voluntad de los individuos, sino más bien es una realidad que es inherente a la economía misma y que permite su funcionamiento. La conclusión que se sigue es innegable; no hay que culpar a los individuos de la maldad del sistema, sino que éste es intrínsecamente perverso, por lo que habrá que eliminar la propiedad privada y no a los individuos capitalistas.

Este sistema no se puede derrumbar por una simple decisión de voluntad, hay que responder a la dinámica misma del sistema y atender a su desarrollo histórico, sólo así se podrá descubrir esa dinámica interna y sus propias leyes. Solo a partir de este análisis Marx llegará a las siguientes conclusiones acerca del futuro del sistema y su ocaso:

1. El sistema capitalista está condenado a su destrucción debido a la explotación creciente de los asalariados. La menor rentabilidad de los medios de producción y su posterior caída en los beneficios, se querrá compensar con el aumento de la explotación del trabajador; disminuyendo los salarios y aumentando la jornada laboral. Esto llevará a la disminución del poder adquisitivo y con ello la producción, aumentarán los despidos de trabajadores y se generará una situación de violencia social por el malestar que esto conllevará, resultando el colapso del sistema.

2. Otro de los factores que determinarán el colapso del sistema se deberá a la fuerte concentración de la propiedad. La cruda competencia entre los dueños del capital generará que los más poderosos absorberán a los pequeños empresarios,

obligando a que esos últimos pasen a formar parte del proletariado. Por lo tanto, se producirá una hegemonía de los medios de producción y una gran masa de desempleados descontentos. Se sigue de ello que este malestar por la situación social generará un clima de efervescencia social y violencia, apropiándose estos últimos de los medios de producción mediante una revolución. Esta revolución no será producto de un acuerdo de voluntades sino que forma parte de la constitución misma de la historia. La revolución en Marx no es otra cosa que atender a las leyes mismas de la historia para ir en ayuda de las clases más desfavorecidas.

La primera guerra mundial trajo consigo una distorsión de las estructuras económicas existentes Por un lado, se produjo un aumento casi descontrolado del sector metalúrgico y la fabricación de armamentos, pero por otro lado, disminuyó ostensiblemente la producción agrícola y aumento la migración de los campesinos, debido a la destrucción provocada por la guerra. Los intercambios comerciales tradicionales se vieron alterados y entraron en escena nuevas economías con las cuales los países beligerantes tuvieron la necesidad de solicitar ayuda económica especialmente de Estados Unidos, Japón y América Latina. Esto produjo que la deuda que alcanzaron los países beligerantes se duplicara por 10, alcanzando en 1920 la cifra de 225.000 millones de dólares. Los Estados Unidos fueron los más beneficiados llegando a almacenar como superávit comercial más de la mitad del oro del mundo.

La reconstrucción fue dolorosa. El miedo a contraer más deudas llevó a los países a encerrarse en sí mismos apoyándose en sus propios y escasos recursos, lo que llevó a empeorar la situación, al reducir los intercambios comerciales y desacelerar la economía. Este miedo condujo la desconfianza y una actitud de defensa frente a posibles amenazas de endeudamiento. Cuando la situación económica comenzó a cambiar y a mejorar los índices, se desencadenó una de las mayores crisis económicas del sigo XX. En 1929, específicamente el 19 de octubre se produjo el famoso "crack" de la bolsa de comercio de Nueva York. La crisis de 1929 tiene su origen, en primer lugar, en una situación de sobreproducción. Durante la guerra, algunos países, como Estados Unidos, Japón, entre otros, aumentaron su capacidad de producción para hacer frente a la demanda extraordinaria de los países en guerra; ahora, una vez normalizadas las cosas, había un exceso de capacidad productiva y de bienes disponibles en relación con las necesidades de la sociedad. Por otro lado, los Estados Unidos, debido a la crisis provocada por la guerra, se transformaron en los banqueros del mundo. La abundancia de créditos disponibles chocó con la penuria europea desencadenando una práctica crediticia fuera de todos los márgenes racionales. Se prestó dinero sin mayores garantías, generando una crisis de desconfianza.

Esta crisis de 1929, se caracterizó por el hundimiento de la producción y un aumento del desempleo. Según cifras de la época en Estados Unidos, en 1932 había 12 millones de desempleados, unos cinco millones y medio en Alemania, y un millón y medio en Inglaterra. Esta crisis se extendió a todos los países desarrollados y vino a significar una de las peores del siglo XX y la antítesis a los planteamientos de la escuela de economía clásica y su optimismo frente al rol de equilibrio del mercado.[78]

J. M. Keynes[79] se encargó de echar por tierra este optimismo económico mostrando el error de ello. Mostró que la economía podía llegar a una situación de equilibrio sin pleno empleo, es decir, una situación de estabilidad, en la que el mercado no podía salir por sus propios recursos, sin que hubiera alcanzado el pleno empleo. Para salir de esa situación sólo quedaba una solución; la intervención de fuerzas exteriores al mercado, para romper ese equilibrio no deseable y obligarle a moverse hacia una situación mejor.

Keynes propuso un rol más activo del Estado en el ámbito económico, ya no sólo es el garante de las reglas de juego y de la libertad de los agentes; tiene además que impulsar la actividad económica contrarrestando los movimientos espontáneos del mercado. Keynes planteó la intervención del Estado por medio de tres vías:

a) Por medio de la política monetaria, controlando los tipos de interés para estimular o desestimular la inversión.

b) La política fiscal y presupuestaria que utiliza los ingresos y los gastos del Estado para estimular o frenar la actividad económica.

c) La política exterior, mediante el control de las importaciones y exportaciones o la manipulación del cambio de moneda.

Esta nueva concepción de la actividad económica establece una presencia firme del Estado en el ámbito de la economía. Sin lugar a dudas, que esta teoría puso fin al liberalismo, implementando un modelo que gozo de gran crédito luego del término de la segunda guerra mundial.

Debido a los desastres de la segunda guerra mundial que, en proporción, fueron peores que los de la primera, llegando a contabilizarse más de 35 millones de personas

---

[78] Como ya lo hemos establecido este optimismo de la escuela de economía clásica radicaba en el hecho de que frente a las situaciones de inestabilidad, el mercado mismo podía corregir tales imperfecciones para ubicarse en un plano de pleno equilibrio social y económico. Bastaba con ello el que se garantizase el libre juego del mercado. Cuando había desempleo y deflación, llegaba un momento en que la tendencia se invertía; empezaba a crearse empleo y a producirse una recuperación de los precios. Y cuando éstos comenzaban a subir sin freno y había una sobreoferta de puestos de trabajo, se llegaba a una situación de tensión que la tendencia se invertía; se desaceleraban los precios y el empleo disminuía. Este carácter cíclico era inevitable, pero buscaba con confiar en el poder del mercado libre para autocorregirse.

[79] John Maynard Keynes nació en Inglaterra en 1883 y murió en 1946. Su padre fue un destacado economista. Estudió en Cambridge. De importancia por su participación en la delegación del Tesoro británico en la conferencia de paz que siguió a la primera guerra mundial y también fue jefe de la comisión de su país para la organización del Fondo Monetario Internacional y del banco Internacional de Reconstrucción y Desarrollo. En 1936 publica su teoría general del empleo, el interés y el dinero. Cfr. Alonso, Mochón; *Economía básica, Chile, una realidad*, Óp. Cit. Pág. 179.

muertas. Sin embargo lo anterior, no se produjo una crisis económica como la de 1929, debido a los mecanismos que se establecieron para garantizar las relaciones económicas internacionales, evitando con ello un colapso, aprendiendo de los errores de la crisis anterior. En este nuevo contexto de post guerra se inaugura un nuevo modelo económico, especialmente en las democracias industrializadas de Europa, siguiendo las investigaciones keynesianas y de Beveridge[80], conocido como <<*Estado de Bienestar*>>. Entre sus características estaban, la intervención estatal en la economía para mantener el pleno empleo o, al menos, garantizar un alto nivel de ocupación, la implementación de servicios públicos de necesidad inmediata para la población, tales como, la educación, la salud, la previsión, subsidios de viviendas etc. El Estado tiene en este modelo el papel de brindar a todos los ciudadanos de los servicios básicos que permitan la provisión de seguridad social en un sentido más amplio. Al Estado se le encargará entonces, la responsabilidad de mantener un mínimo de vida para todos los miembros de la sociedad, lo que se constituye un derecho social que se debe a todos los ciudadanos, lo que no corresponde a algo así como una caridad social estatal sino algo que es de suyo de todos los ciudadanos.

Este Estado intervencionista fue el que hizo posible la reconstrucción económica y social de la Europa de la postguerra. Sin embargo, a comienzos de la década del 70 se produjo su crisis, entre otros motivos por la creciente intervención económica del Estado y la mayor absorción de recursos por parte de éste, aumentando con ello la presión fiscal, las demandas sociales que exige del Estado un papel mesiánico que diese respuesta a las concretas solicitudes de los ciudadanos.[81]

Como hemos visto, el neoliberalismo es una nueva versión del Liberalismo con nuevos énfasis y en un nuevo contexto, tal vez más propicio para su desarrollo, gatillado por la crisis del petróleo en la década del 70[82]. Esta nueva versión del liberalismo, según Camacho, radica en el agotamiento y fracaso de aquellos sistemas que se plantearon como

[80] Lord Beveridge cuya teoría tiene su origen en la Inglaterra de la post guerra. Su apuesta es que el estado puede soportar los efectos de la guerra y suavizar las desigualdades sociales a través de mecanismos que mejoren la distribución de la renta, lo que se conoce como *Estado Providencial*.

[81] Esta intervención paternalista y mesiánica del Estado en América Latina estuvo alentada por la implementación de modelos de desarrollo donde éste juega un rol central (Ver en este capítulo el apartado ¿Qué pasa en América Latina?)

[82] Esta crisis se venía alentando en la década del 60 cuando se comenzó a experimentar una fuerte desconfianza en el dólar como moneda de intercambio internacional y un malestar en los países no desarrollados frente a la incapacidad de entrar en el proceso de desarrollo en el que algunos ya habían entrado. La crisis estalló en 1973 cuando los países productores de petróleo, asociados en la OPEP, decidieron subir unilateralmente y de manera excesiva los precios del crudo. Entre 1973 y 1974 el barril de Petróleo pasó de 3,05 dólares a 11,65 dólares, es decir, casi cuadruplicó su valor. Este aumento era un llamado de atención frente al uso excesivo de esta materia prima no renovable y una crítica de los países productores frente a la desigualdad en el ingreso y su exigencia por participar en ella. Lo que se estaba pidiendo era, en resumidas cuentas, que los países ricos aceptaran el empobrecimiento relativo, puesto que se trataba de que éstos redujeran su participación para que otros la aumentaran.

su sustitución,[83]especialmente en cuanto éste ha sido capaz de detectar y denunciar las dificultades del Estado de bienestar.

## 2.2. FRIEDRICH VON HAYEK Y SU PROPUESTA NEOLIBERAL

Lo que ha llegado a nosotros como neoliberalismo es producto de la herencia de Hayek, pero también los aportes de la Escuela Austriaca (Menger), la Inglesa (Marshall), la suiza (Waltras), la americana (Friedmann) las que han impreso, mutatis mutandis, un cierto estilo metodológico para entender la vida social, política y económica, lo que conllevó un cierto enfoque que entendía que sólo es considerado relevante aquello que puede ser empíricamente observable, por lo tanto, se le da importancia a la econometría en cuanto técnica para el análisis cuantitativo de los fenómenos económicos reales, basado en el desarrollo simultáneo de la teoría económica y la observación empírica. Esto quiere decir que para el pensamiento neoliberal hay una gran confianza en la ciencia y la tecnología como medio para controlar y predecir los fenómenos. Este fuerte énfasis en lo pragmático y centralidad en lo científico, permite la ausencia o en los casos menos críticos un carácter secundario de lo ético y, por ende, una carencia valórica importante en su ejecución.[84]

*Friedrich August Von Hayek* es vienes, de la alta sociedad[85]. De la época en que esta ciudad gozaba de gran importancia cultural, en los que sobresalen las figuras de Wittgenstein, el positivista Carnap y Popper, con el cual les une una gran amistad.[86] Miembro de un grupo económico político y con cierta simpatía filosófica con Kant, son obligados a salir de Viena por la invasión nazi, Hayek pasa una temporada en la Universidad de Chicago, luego se dirige a Londres y termina en Friburgo.[87] Es en su estadía en Inglaterra donde escribe su prestigioso libro *"Camino de servidumbre"*, escrito en 1944[88], en plena segunda guerra mundial. La pretensión de este escrito era indicarles a los ingleses, y junto a ellos a quienes formaban parte del grupo Aliado contra Alemania, que ellos llevan en su seno los gérmenes de aquellos males a los cuales están combatiendo. Afirma en su introducción:

> "No es la Alemania de Hitler, la Alemania de la guerra presente, aquella con la que Inglaterra ofrece ahora semejanza. Pero los que estudian la evolución de las ideas, difícilmente pueden dejar de ver que hay más que una semejanza superficial entre la marcha del pensamiento en Alemania durante la guerra anterior y tras ella y el curso actual de las ideas en Inglaterra (...) El autor ha consumido cerca

[83]Cfr. Camacho; *Diez preguntas sobre el neoliberalismo*, en revista Almogaren Nº 23, Diciembre de 1998, pp. 45-76.

[84] Cfr. Salvat, Pablo; *Orden espontáneo e individualismo de mercado (del mercado y sus señas de identidad)* en Revista *Persona y Sociedad* de la Universidad Alberto Hurtado, Volumen XIII, Nº 2, Agosto de 1999.

[85] El nombre completo es Friedrich A. Von Hayek, pero decide eliminar el uso del Von. Recibe una educación de élite , siendo adolescente colabora en los herbarios ayudando a su Padre que era Botánico Cfr. Collados, Modesto; Popper y Hayek, Publicaciones Editorial Gestión, Santiago de Chile, 1996, pág. 131.

[86] Fontaine, Arturo; Introducción al pensamiento de Fiedrich Hayek, en Revista Persona y Sociedad, Op. Cit.

[87] Ibid. Pág 11.

[88] Hayek, Friedrich; Camino de servidumbre, Editorial Alianza, tercera reimpresión, Madrid, 1995.

de la mitad de su vida adulta en su Austria nativa, en estrecho contacto con la vida intelectual alemana, y la otra mitad en los Estados Unidos e Inglaterra. En la docena de años a lo largo de los cuales este país se ha convertido en su hogar, ha llegado a convencerse de que algunas, por lo menos, fuerzas que han destruido la libertad en Alemania están operando también aquí."[89]

Llama la atención el epígrafe *"A todos los socialistas de todos los partidos"* que va dedicado, tal vez, a modo de ironía y desafío al espíritu inglés y a la falta de visión histórica del desarrollo de las ideas que los intelectuales no han podido vislumbrar. Aquellos que aplauden o aplaudieron alguna forma de socialismo son responsables de las miserias de la guerra, parece ser la tesis del capítulo primero del libro que estamos citando. Reconoce en el socialismo una grave pérdida de la libertad que ingenuamente occidente ha ido olvidando, haciéndose eco de los cambios bruscos que el socialismo promete y que, le han merecido graves consecuencias.

"Hemos abandonado progresivamente aquella libertad en materia económica sin la cual jamás existió en el pasado libertad personal ni política. Aunque algunos de los mayores pensadores del siglo XIX, como Tocquevelle y Lord Acton, nos advirtieron que socialismo significa esclavitud, hemos marchado constantemente en la dirección del socialismo. Y ahora, cuando vemos surgir ante nuestros ojos una nueva forma de esclavitud, hemos olvidado tan completamente la advertencia, que rara vez se nos ocurre relacionar las dos cosas."[90]

Esta lectura condenatoria del socialismo le permite realizar una valoración positiva del individualismo, cuyos rasgos esenciales, Hayek, los encuentra en el cristianismo y en la filosofía clásica y que define como "el reconocimiento de sus propias opiniones y gustos como supremos en su propia esfera"[91]. Tal vez, piensa Hayek, la mejor palabra que pueda describir la trascendencia actual del principio del individualismo es Tolerancia, pues conserva en plenitud aquello que hemos heredado de la cultura cristiana occidental. Es por ello necesario recuperar, hacer una trasformación de los sistemas estructurados rígidamente para dar cabida a la libertad, es decir, a los esfuerzos espontáneos que no estén sometidos al control de estos esfuerzos.[92] La organización económica debe seguir el ejemplo de la ciencia que tuvo la capacidad de desarrollar la aptitud inventiva y libre del hombre y así alcanzar grandes avances en el plano científico tecnológico. El individualismo no es otra cosa que la rebelión del individuo contra su propia especie al permitir que el hombre pueda tomar conciencia de los alcances de su libertad y su ingenio, capaz de satisfacer nuevos órdenes y deseos,[93]es decir, el triunfo frente a la posibilidad de determinar su propio destino. Esta ambición humana, loable para nuestro autor, [94]fueron consideradas como obstáculos que impidieron su ulterior desarrollo. Por tanto, la mentalidad socialista viene a ser aquel obstáculo a la ambición humana que impide la libertad y desarrollo humanos que

[89] Ibid. Pág. 29-30.
[90] Ibid, Pág. 40.
[91] Ibid. Pág. 42.
[92] Ibid. Pág. 43.
[93] Ibid. Pág. 44.
[94] Ibid. Pág. 45.

claramente significan un retroceso frente a todo lo conseguido, aunque el discurso socialista también reclame el derecho a la libertad tal y como lo promueve el liberalismo.[95]

> "El sutil cambio de significado a que fue sometida la palabra libertad para que esta argumentación se recibiese con aplauso es importante. Para los grandes apóstoles de la libertad política la palabra había significado libertad frente a la coerción, la libertad frente al poder arbitrario de otros hombres, supresión de los lazos que impiden al individuo toda elección y le obligan a obedecer las órdenes de un superior a quien está sujeto. La nueva libertad prometida, era en cambio, libertad frente a la indigencia, supresión del apremio de las circunstancias que, inevitablemente, nos limitan a todos el campo de elección, aunque a algunos muchos más que a otros. Antes de que el hombre pudiera ser verdaderamente libre había que destruir el despotismo de la indigencia física, había que abolir las trabas del sistema económico." [96]

A continuación, Hayek, establece que el problema principal es el medio por el cual se desea alcanzar este fin, es decir, el método por el cual se pretende llegar al socialismo. Uno de los esenciales es, según Hayek, la planificación económica, la que en el socialismo se reduce a una producción para el uso y no para el beneficio (económico), lo que en definitiva se transforma en beneficio para una elite gobernante, cosa que en nada difiere de aquello a lo cual presentan (los socialistas) tenaz oposición. No es mala la planificación, incluso es necesaria, lo que se critica es una determinada planificación que promueve una dirección centralizada de toda la actividad económica según un plan único que "determine la dirección explícita de los recursos de la sociedad, para servir a particulares fines por una vía determinada,"[97] lo que sucede es, según Hayek es que los socialistas de todos los tonos se han apropiado de esta única forma de entender la planificación. A renglón seguido establece una defensa de los planteamientos del liberalismo y de lo que él entiende como el modo correcto de entender la planificación.

> "La argumentación liberal defiende el mejor uso posible de las fuerzas de la competencia como método para coordinar los esfuerzos humanos, pero no es una argumentación a favor de dejar las cosas tal como están. Se basa en la convicción de que allí donde pueda crearse una competencia efectiva, esta es la mejor guía para conducir los esfuerzos individuales. N niega, antes bien, afirma que, si la competencia ha de actuar con ventaja requiere una estructura legal cuidadosamente pensada, y que ni las reglas del pasado ni las actuales están libres de graves defectos. Tampoco se niega que donde es imposible crear condiciones necesarias para hacer eficaz la competencia tenemos que acudir a otros métodos en la guía de la actividad económica. El liberalismo económico se opone, pues, a que la competencia sea suplantada por métodos inferiores para coordinar los esfuerzos individuales."[98]

---

[95] Ibid. Pág. 51. En este capítulo denominado *"la gran Utopía"*, Hayek se detiene a analizar la idea de libertad propuestas por el liberalismo y por el socialismo y determina que por un juego del lenguaje el socialismo, opositor tenaz a las ideas libertarias del liberalismo y de la revolución francesa, se ha apropiado de ella, con la consiguiente contradicción. Más adelante nos detendremos en el problema de la libertad en el liberalismo.

[96] Ibid. Pág. 53.

[97] Ibid. Pág. 63- 64.

[98] Ibid pág. 64-65

A partir del párrafo anterior, Hayek, establece la importancia de la competencia efectiva, ampliando las posibilidades del mercado y dejando funcionar la libre iniciativa privada, por lo que se infiere la necesidad de restringir la acción del Estado como organizador de la economía, pero sin negar la función esencial de cierto margen de planificación de éste.

> "El uso de la competencia como principio de organización social excluye ciertos tipos de interferencia coercitiva en la vida económica, pero admite otros que a veces pueden ayudar muy considerablemente a su operación e incluso requiere ciertas formas de intervención oficial."[99]

Es más preciso aún cuando establece que el rol adecuado del Estado significa,

> "El funcionamiento de la competencia no sólo exige una adecuada organización de ciertas instituciones como el dinero, los mercados y los canales de información – algunas de las cuales nunca pueden ser provistas adecuadamente por la empresa privada- sino que, depende sobre todo, de la existencia de un sistema legal apropiado, de un sistema legal dirigido, a la vez, a preservar la competencia y a lograr que ésta opere de la manera más beneficiosa posible. No es modo alguno suficiente que la ley reconozca el principio de la propiedad privada y de la libertad de contrato; mucho depende de la definición precisa del derecho de propiedad, según se aplique a diferentes cosas."[100]

Como vemos, esta reducción del Estado como garante de la libertad económica es el requisito primero para el funcionamiento de una necesaria economía de mercado. El rol fundamental de éste radica en generar las instancias normativas que permitan el fluir de las intencionalidades individuales y preserve el derecho a la propiedad privada. Este rol marginal es primordial porque permitirá a los agentes económicos privados saber a qué atenerse.

> "El conocimiento de que en tales situaciones el Estado actuará de una manera definida o exigirá que la gente se comporte de un cierto modo, es aportando como un medio que la gente puede utilizar al hacer sus propios planes."[101]

> "El Estado tiene que limitarse a establecer reglas aplicables a tipos generales de situaciones y tiene que conceder libertad a los individuos en todo lo que dependa de las circunstancias de tiempo y lugar."[102]

Es interesante notar la poca credibilidad que Hayek otorga a una ética integral que impregne de ciertos valores sociales a la vida humana. Basta tan solo que los individuos sean capaces de alcanzar sus propios fines mediante su esfuerzo personal; es el valor más importante. Este marcado énfasis en el carácter individualista del hombre en el plano económico le obliga a desechar cierta moral colectivista que sostiene que, para otorgar un mejor bien al colectivo hay que suprimir los beneficios individuales. Este hecho se fundamenta en la imposibilidad que el individuo pueda dar respuesta a otras necesidades

[99] Ibid pág. 65.
[100] Ibid pág. 66-67.
[101] Ibid. Pág. 106.
[102] Ibid, Pág. 107.

que no sean las propias, pues ya el cumplir las propias es una ardua tarea y si en ello, puede dar respuesta a un cierto margen de necesidades sociales eso es de menor importancia.[103]

> "(...) el hecho indiscutible de que la limitación de nuestras facultades imaginativas sólo permite incluir en nuestra escala de valores un sector de las necesidades de la sociedad entera y que, hablando estrictamente, como sólo en las mentes individuales pueden existir escalas de valores no hay sino escalas parciales, escalas que son, inevitablemente diferentes y a menudo contradictorias entre sí. De esto el individualista concluye que debe dejarse a cada individuo, dentro de límites definidos según sus propios valores y preferencias antes que los de otro cualquiera."[104]

Esta entusiasmada centralidad del individuo a la que adhiere Hayek establece el reconocimiento del individuo mismo como juez supremo de sus fines, el único gobernante de sus propios intereses. Lo que le permite sostener que sólo el bien social se alcanzará por una coincidencia de fines individuales.[105]

> "Esta exposición no excluye, por lo demás, el reconocimiento de unos fines sociales, o mejor, de una coincidencia de fines individuales que aconseja a los hombres concertarse para su consecución. Pero limita esta acción común a los casos en que coinciden las opiniones individuales. Los que se llaman fines sociales son para ella simplemente fines idénticos de muchos individuos o fines a cuyo logro los individuos están dispuestos a contribuir, en pago de la asistencia que reciben para la satisfacción de sus propios deseos."[106]

Debido a esta concepción de la libertad humana, cargada de egoísmo social en la que los fines sociales sólo se entienden como coincidencias de deseos particulares es que Hayek expresa su desconfianza con el sistema democrático con ciertos límites de control, ya que éste, se puede transformar en una institución incapaz de responder a las necesidades de todos los ciudadanos sin caer en el desmedro de los intereses particulares. Sólo será atendible un sistema democrático cuando acepte y responda a esta libertad extrínseca (ser libre para), sin esta condición toda vía democrática se transformará en un fetiche que en nada responde a la esencia del hombre mismo.

Hasta aquí hemos desglosado las ideas que nos parecen importantes de nuestro autor en este texto. Pero dejémoslo para decir algo más de otro de sus escritos importantes *"La constitución de la Libertad"*, escrita en Estados Unidos, representa la expresión máxima de su pensamiento. En ella, un Hayek, ya madurado en sus ideas filosóficas y económicas, por lo que podemos establecer ciertos criterios de juicio acerca de su pensamiento. [107] Para Hayek la libertad fue posible gracias a la disciplina de la civilización lo que posibilitó a su vez la disciplina de la libertad misma, es decir, ella es una conquista, el hombre no es por naturaleza libre; la sociedad libre se alcanza y se tiene debido al esfuerzo de los individuos.

[103] Ibid. Pág. 89.
[104] Ibid. Pág. 90.
[105] Ibid.
[106] Ibid.
[107] Aunque debido a las diversas variantes que ha tenido su pensamiento es dificultoso establecer sus ideas filosóficas fundamentales, pues al comienzo de su obra es eminentemente economista y luego fue un filósofo.

Según Godoy la intención de Hayek "no es reconstruir el liberalismo tradicional, sino de una nueva versión del mismo, en sentido estricto – señala -, (ser trata) de una recreación o refundación (...) Hayek retoma una cierta tradición liberal, relacionada con la libertad anglicana, como opuesta a la libertad galicana."[108]

Para Hayek la libertad es comprendida como "el estado en virtud del cual un hombre no se halla sujeto a la coacción derivada de la voluntad arbitraria de otro o de otros"[109]. Es decir, la libertad se comprende como independencia frente a la voluntad arbitraria de otros, de un tercero, sea concreto o abstracto. Es necesario en todo sistema en el que el hombre se erija como protagonista que a éste se le asegure siempre un ámbito de actividad privada, un cierto conjunto de circunstancias en las que nadie puede intervenir.[110] Esta concepción negativa de la libertad en Hayek, sin lugar a dudas que determina, pero a la vez restringe su filosofía, es su fortaleza pero es su misma debilidad. Entender la libertad como ausencia de coacción implica suponer que la libertad humana sólo tiene un campo; aquel en el que hay ausencia de otro que reprima. Mientras exista alguien que obligue, que imponga normas no seré libre y si no lo hay lo seré, parece ser la premisa liberal de hayek. La libertad así entendida, implica negarse a reconocer ciertas dimensiones de la libertad humana misma como posibilidad y capacidad humana de realizarse y de auto realizarse. Capacidad de desenvolvimiento incluso en circunstancias en las que sea imposible la actualidad de la libertad, es decir, la libertad implica posibilidad de realización pero también realización misma.[111] Al reducir esta libertad sólo a la posibilidad de la acción libre como libertad para queda reducida toda visión antropológica y con ello, una interpretación inadecuada de la moralidad de los actos humanos en las que el valor absoluto será el individuo[112], dueño y creador de sus valores y sin reglas que interfieran en el desenvolvimiento de sus pasiones y deseos. Para Hayek una sociedad auténticamente libre es abierta, "en el sentido que Popper usa el término y en ese sentido no tiene un futuro que esté escrito de antemano, porque va a depender de lo que la gente haga con su vida y con sus actos".[113]

Resumiendo tenemos que concluir que Hayek y con él la tradición neoliberal funda entre sus principios fundamentales la idea de una sociedad donde la libertad es el pilar fundamental, pero no cualquier libertad ni tampoco de cualquier sujeto; la libertad del

[108] Godoy, Oscar; *Hayek, Libertad y Naturaleza*, Revista de Estudios Públicos del Centro de Estudios Públicos de Chile, número 50, otoño de 1993.
[109] Von Hayek, Friedrich; *La Constitución de la libertad*, Alianza Editorial, 1975, pág. 32.
[110] Ibíd. Pág. 35.
[111] En este aspecto es mucho más elaborado y matizada la exposición acerca de la libertad que hará John Rawls y que tendremos la oportunidad de analizar.
[112] "No hay otra forma para llegar a una comprensión de los fenómenos sociales sino es a través de nuestro entendimiento de las acciones individuales dirigidas hacia otras personas y guiadas por un comportamiento adecuado" Hayek; *El individualismo, el verdadero y el falso*; Revista de Estudios Públicos, número 22, otoño de 1986.
[113] Fontaine Talavera, Arturo; Introducción al Pensamiento de Friedrich A. Hayek, Op. Cit. Pág. 17.

individuo que le permite estar liberado de toda represión, sólo esta libertad es la que constituirá la sociedad ideal y ésta deberá, si quiere ser una sociedad de hombres libres, erradicar toda coacción y el Estado es uno de ellos.

Sin duda que Hayek es el responsable de este resurgir liberal y él se encuentra como el ideólogo de esta nueva forma de entender al homo economicus neoliberal; orden espontáneo, minimización del Estado, acentuación de la libertad, etc. y es sin duda uno de los referentes necesarios para toda lectura seria de esta ideología.

## 2.2.1 LA PROPUESTA NEOLIBERAL

Expongamos pues, lo que a nuestro parecer son los elementos centrales del neoliberalismo a partir de Hayek; La propuesta neoliberal establece una importancia central a la competitividad, la privatización, la desregulación, la liberalización, la productividad, la flexibilidad, la excelencia (económica) y la movilidad. Estos valores son centrales en la organización no sólo económica sino también social. El neoliberalismo se presenta como una nueva ideología de derecha que en lo económico, como ya enunciamos, establece la propuesta de un Estado mínimo, cuyo papel es solamente de vigía o control del funcionamiento adecuado del mercado. Se cree que por que el Estado posee el monopolio del poder de coerción puede, por lo mismo, extralimitarse en el uso del mismo. Es por ello necesario que el Estado debiese velar por la existencia y vigencia de ciertas libertades básicas: libertad de pensamiento, de opinión, de asociación, de propiedad, derechos negativos y deberes de no dañar activamente a otras personas, etc. Según defensores de esta propuesta, el Estado mínimo permite salvaguardar el derecho a la propiedad privada.

Esta centralidad de lo económico permea todas las demás realidades humanas. Es así que la democracia se ha de entender desde el prisma económico como *una democracia de mercado*, atendiendo al recelo que Hayek tiene de ella y que analizamos más arriba. Esta democracia de mercado tiene ciertas particularidades; en ella no se transan ideas nuevas sino que está centrada en el carácter pleonéxico de una elite gobernante que se reparte el poder en vistas al bien común, un sistema en el que la participación de la ciudadanía se reduce a las elecciones populares una vez cada cierto tiempo, al respeto irresoluto de los derechos comerciales ( = del consumidor) que reduce al ciudadano a mero consumidor. La democracia se transforma así en un mito[114] en la que la ilusión de una participación activa de los ciudadanos choca con el mesianismo político de aquellos que se sienten predeterminados a ser los únicos portadores de la soberanía popular, dejando a grandes masas de personas en la apatía, el descontento y la crisis de credibilidad por las promesas

[114] Joseph Camphell afirma "El sueño es el mito personalizado. El mito es el sueño despersonalizado" así la democracia es un sueño despersonalizado del siglo XXI, ya que establece que el pueblo es el que se da sus propias leyes y se gobierna a sí mismo. Sin embargo, estamos lejos de un gobierno del pueblo y para el pueblo. Así como la democracia en Atenas puede ser considerada por algunos como un mito, también podemos afirmar que la democracia de nuestro tiempo es parte de la mitología moderna.

que se hacen y no se cumplen.[115] Esta mercantilización de la democracia la hace dependiente de los grandes centros financieros y supranacionales, tal es el peligro que podemos asistir a exigencias contrarias al espíritu político del país que puedan hacer estos conglomerados, cercano está el caso argentino para nuestra memoria o también puede existir el peligro que los partidos políticos se hagan dependientes del apoyo empresarial en la obtención de recursos para sus campañas que genere niveles de corrupción, con una falta de transparencia y ausencia de referentes éticos adecuados.

Será interesante notar en una lectura atenta de los regímenes democráticos en nuestro continente, la presencia de la matriz neoliberal en todos ellos. Aunque hoy asistimos a una nueva etapa caracterizada principalmente por la búsqueda del consenso de toda la sociedad en el futuro que queremos para todos. Según especialistas, América Latina, vive una nueva etapa en su consolidación política que pide a gritos un cambio social que permita una redistribución del poder, por medio de los métodos democráticos que presupongan el diálogo y el consenso en un nuevo orden institucional.[116]

En la década de los noventa, el proceso de transición en nuestros países de los regímenes dictatoriales a los democráticos, tuvo como cualidad su *carácter pactado*. Más allá de los matices y especificaciones propias de las realidades nacionales, se puede constatar una matriz estructural de continuidad que refleja la recomposición hegemónica del bloque de poder dominante. Recomposición caracterizada por la redistribución del poder, producto de la alteración objetiva en el sistema de correlación de fuerzas. Es decir, no existió un aniquilamiento del actor dictatorial, sino más bien, el sistema económico generado en los regímenes autoritarios se mantuvo en todo el continente.[117]

El proceso de transición pactada en el continente tuvo las siguientes características:

1. Pervivencia de la institucionalidad dictatorial.
2. Preservación del poder político y militar de las fuerzas armadas.
3. Establecimiento de una democracia cupular.
4. Mantención y consolidación del poder económico neoliberal.[118]
5. Los esfuerzos por ampliar los consensos, expresado en alianzas políticos- sociales.

---

[115] CELAM, IV Conferencia General del Episcopado Latinoamericano, nueva evangelización, promoción humana, cultura cristiana, Santo Domingo , 1992., Nº 178.

[116] Tal vez Chávez y Evo Morales en Bolivia son una expresión de esta nueva necesidad de repensar la sociedad reaccionaria al poder neoliberal y enmarcada en la recuperación de cierta identidad latinoamericana. Esta identidad se pretende lograr con reformas profundas en la institucionalidad de los respectivos países, desechando toda intervención extranjera.

[117] Tricot, Tito, Democracia de Mercado en América Latina en Revista *Reflexión y liberación*,_Santiago de Chile, año 1996.pág. 56.

[118] Ibíd.

6. El intento por esclarecer las violaciones a los derechos humanos que fueron característicos de los regímenes militares.

7. La revalorización de la ética en el plano político.

8. La emergencia, aunque tenue, de la Sociedad civil, expresada en movimientos de defensa de los derechos ciudadanos, de defensa y protección ecológica, de los derechos de los consumidores, etc.

Se produjo una necesidad de fundamentar un tipo de sociedad altamente excluyente que consolida la violencia y desigualdad estructural. Para ello, se adujo el fracaso del modelo centralizado de los sistemas colectivistas que eran propios de los países del bloque oriental (sistemas socialistas) determinando que ya no son válidos para las democracias occidentales. En cambio, se promueve un sistema que sobredimensiona los niveles macro - económicos como factores de desarrollo integral. En otras palabras, se produce un endiosamiento de una democracia de mercado, en la que a éste (el mercado) "se le conceptualiza como el espacio dentro del cual operan espontáneamente leyes naturales (mano invisible de Adam Smith) y donde concurren libremente los diferentes agentes de la actividad económica."[119]

Como lo afirmábamos más arriba, el mercado tiene como presupuesto antropológico la libertad individual, como atributo humano primario, y del valor de la libertad como fuente generadora y referencial para todos los demás valores culturales.[120]La libertad económica, es la principal forma de libertad y en la determinación del mercado como el espacio donde, se materializa la libertad humana. En palabras de Josgrilberg "el dios terreno de Hobbes, es apenas un dios que cuida a otro, mucho mayor, garantizándole su equilibrio, su salud y sus condiciones de seguridad".[121] Ya que el mercado es el mejor instrumento para satisfacer las necesidades humanas y para garantizar la libertad y el ejercicio de los derechos individuales de acceso a los recursos necesarios para la obtención de mayores beneficios, pues en el mercado existe una transparencia total. Esta fuerte presencia del liberalismo de mercado [122] se debe, en gran parte, a que éste se cierne como el sistema triunfador, sobre las cenizas del colectivismo y sobre los platos rotos del Estado de bienestar o sistema capitalista mixto.[123] El agotamiento del modelo colectivista, centrado en la planificación, llegó a hacer pensar a los más optimistas en el modelo liberal, y que vieron en el derrumbe del muro de Berlín en 1989, la manifestación del comienzo de una nueva etapa en la historia, o mejor dicho, en el fin de la misma, la implementación de una

[119] Ibid

[120] Garretón, M. A; *La democratización política en América latina y la crisis de paradigmas*, Leviatán, (43/44) 1994.

[121] Josgrilberg, Ruy; *Ética y desarrollo*, en *Hacia una cultura de la Paz,* Editorial Nueva Sociedad, Caracas, Venezuela, 1989. Pág. 30.

[122] Macpherson; *La democracia liberal y su época*, Editorial Alianza, Madrid, 1976. pág. 95.

[123] Camacho, Ildefonso, *Diez preguntas sobre el Neoliberalismo* en Almogaren, Nº 23 (1998) Págs. 45-76.

nueva forma de relaciones, fundadas en este nuevo modelo. Modelo que surge de la necesidad de reducir a un Estado que aparecía sobredimensionado en sus funciones, especialmente en Norteamérica y Europa. Se intentó limitar sus funciones, reduciéndolas a defensa exterior, seguridad interior, justicia. "Pero reducir el estado no significa sólo recortar sus campos de actuación, sino disminuir su actividad normativa, dejando el terreno más libre a la iniciativa privada".[124]

El ejercicio de la política se caracterizó, por lo tanto, por ser muy pragmático y con un fuerte sentido programático, que ha sido una forma menos rígida del proyecto social y político. Los gobiernos de la Concertación para la democracia en Chile, así como el acuerdo patriótico y el pacto por la democracia en Bolivia son algunos ejemplos.[125] Sin embargo, la política ha dejado de ser una instancia de encuentro y debate de ideas y de proyectos de sociedad. Poco a poco, la apatía de nuestras sociedades ha alcanzado ribetes muy amplios. Esto provocado, por un sistema político (neoliberal) de exclusión, donde el poder es el único criterio para acceder al campo político. Como magistralmente lo afirma Macpherson;

> "...este modelo tiene como supuesto que los políticos y los votantes sean maximizadores racionales y actuaban en circunstancias de libre competencia política, con el resultado de la distribución óptima de las energías y bienes políticos. El objetivo de la democracia es, tomar de los deseos de la gente como es y no contribuir a lo que es o podría ser la gente, es sencillamente un mecanismo de mercado".[126]

La democracia en América Latina, así como en gran parte de occidente, tiene un carácter eminentemente cupular, donde el ideal griego oligárquico (que los dirigentes políticos latinoamericanos confunden con democracia) entiende que el poder político sólo puede ejercerlo una minoría selecta y distinguida por su talento.[127]

Sin embargo lo anterior, y para ser ecuánimes en nuestro bosquejo debemos decir que este proceso de democratización que se inició en el continente en los años noventa, tiene las ventajas de poner en primer plano la expansión del respeto de los derechos humanos, el restablecimiento de las instancias de votación popular, aunque en muchos de nuestros países

[124] Camacho, I; Ibid.

[125] Cfr. Tricot, Op. cit. pág. 59.

[126] Macpherson. Op. cit. Capítulo IV, pág. 93

[127] Cfr. Tricot, o.c. pág. 59, La expresión acuñada por Roberto Garretón del *"grupo de los 200"*, para referirse a la clase dirigente del país explica claramente nuestra aseveración. Según Garretón, la clase política Chilena se caracteriza por un amplio consenso entre los principales poderes del Estado, poder ejecutivo, judicial y legislativo y de los principales dirigentes de la política chilena, pero un gran desencuentro entre los chilenos. En Roberto Garreton, *"Charla sobre la situación de los derechos Humanos en Chile al post grado de Etica social y Desarrollo humano"*, Santiago de Chile, 2000.

éstos fueron altamente distorsionados por la subsistencia de una institucionalidad excluyente y rígida o por una institucionalidad heredada de los regímenes de dictaduras.[128]

A diferencia del liberalismo social representado por el utilitarismo de Bentham y J.S. Mill, el neoliberalismo pretende desmarcarse de toda referencia a la democracia. Recordemos que el utilitarismo constituye una forma renovada de hedonismo, pero que a diferencia del anterior, adopta un carácter más social carente en la escuela epicúrea. Bentham y Mill establecen que lo que mueve a los hombres a actuar es la búsqueda del placer, pero considera que todos tenemos unos sentimientos sociales, entre los que destaca el de la simpatía, ésta nos permite darnos cuenta de que los demás también desean alcanzar el mencionado placer. Los utilitaristas anglosajones pensarán que el fin moral del ser humano es alcanzar la máxima felicidad, es decir, el mayor placer para el mayor número de seres vivos. Por lo tanto, ante cualquier elección, obrará correctamente quien opte por la acción que proporcione la mayor felicidad para el mayor número de personas. Este presupuesto que fundamenta la idea de democracia en occidente es la que, como hemos visto, rechaza Hayek y los más tenaces defensores del neoliberalismo. Esta desconfianza en la democracia es sencillamente porque pone en peligro la catalaxia, el orden espontáneo. Ello significa la necesaria supervivencia de un gobierno liberal autoritario con un sistema económico de mercado porque "una democracia sin trabas milita contra el mercado".[129]

Por lo tanto, la democracia será buena o dañina para una sociedad si ésta sirve o no sirve a los ideales del mercado, es decir, mientras la democracia entregue seguridad interior, libertad individual[130] y respeto al orden espontáneo, entonces la democracia es un valor a defender.[131]Pero mientras no sea capaz de defender la libertad económica y el orden espontáneo habrá que tener cierto cuidado con ella. En esto los neoliberales siguen el postulado de Smith cuando sostiene que "la economía se muestra más poderosa que la política, pareciendo tener vida propia, y no teniendo nada que ver con el mundo de lo ético"[132]

> "Si los valores *(de la democracia)* llevan a la planificación colectivista, (es perfectamente posible que las mayorías voten por un sistema de economía planificada) entonces no sirve. De donde puede

[128] Uno de los casos más cercanos es el Chileno en el que el sistema binominal para nada representa la soberanía popular. Por ejemplo, la representación popular en el congreso es inversamente proporcional a los resultados electorales.

[129] Larraín, Jorge; *Ubicando al neoliberalismo en su contexto,* en Revista Persona y Sociedad, Op. Cit. Pág. 49.

[130] Parece que los neoliberales junto a Hayek justifican la libertad en términos casi exclusivamente instrumentales, como un mecanismo esencial para vencer a la ignorancia en la coordinación del conocimiento descentralizado. Hayek escribe si los hombres fueran omniscientes, si pudiéramos conocer no sólo todo aquello que afecta el logro de nuestros deseos actuales, sino también nuestros quereres y deseos futuros, quedaría muy poco espacio para la libertad" Crespo, Ricardo; *La Libertad en Hayek,* en revista Libertas, Año XIII, Número 45 (oct. 2006)www.eseade.edu.ar.

[131] Larraín, Op. Cit.

[132] Citado por Moreno Villa, Mariano; Cuando ganar es perder, Editorial Acción Cultural cristiana, Madrid, 1997, pág. 44.

también afirmar que a menudo ha existido una libertad cultural y espiritual mayor bajo un régimen autocrático que bajo algunas democracias. Mientras más homogénea sea la mayoría en un gobierno, éste puede ser tan opresivo como la peor dictadura. De allí que el totalitarismo pueda co-existir con la democracia. Para Hayek es muy peligroso la moda de ver en la democracia el principal valor. El poder puede perfectamente ser democráticamente adquirida y arbitrario. No es la fuente, sino la limitación del poder lo que impide a éste ser arbitrario."[133]

Desde su implementación como praxis política y económica en los gobiernos de Thatcher en Inglaterra (1979) y Reagan en Estado Unidos (1980) donde el lema "Menos Estado y más sociedad" o la frase célebre del presidente norteamericano afirmando que "el Estado no es la solución sino que es el problema" es que se evidencia una mayor importancia del mercado y la fuerte presencia de los agentes privados en la actividad económica, ya que el mercado es más eficiente al momento de utilizar los recursos de la sociedad. Afirma Camacho que,

> "La ineficiencia del Estado, y el despilfarro de recursos que acompaña a su actividad, es la principal razón para optar por un mercado cada vez menos intervenido.la competencia en el mercado es el principal motor de la economía, el factor más eficaz para la asignación de recursos. La competitividad se convierte así en la condición esencial para salir airoso de esa lucha de cada día que se da en el mercado."[134]

## 2.3. NEOLIBERAL ISMO Y GLOBALIZACIÓN

Sin lugar a dudas que el neoliberalismo tuvo como uno de los elementos centrales en su expansión los procesos de globalización. Estos procesos constituyen una nueva forma de entender el mundo, derrotando los muros de particularidad y generando la violentación de maneras típicas de vida y de organización social. Los cambios no solamente se reducen a una zona del planeta sino que se extienden a todo él. La introducción de las tecnologías de la información han sido cruciales para potenciar una nueva forma de organización tanto económica como política y cultural. En palabras del inglés Anthony Giddens la globalización "no es sólo, ni principalmente interdependencia económica, sino transformación del tiempo y del espacio en nuestras vidas"[135]. Es por lo tanto, una nueva forma de organización mundial de matriz no sólo, pero principalmente económica, en la que el capital está concentrado intencionalmente para dominar de este modo la totalidad de la escena.

La globalización, sin lugar a dudas que, significa un giro revolucionario de sentido para el hombre contemporáneo., como ya lo afirmábamos, no sólo es económica[136] sino también política, tecnológica y cultural que se ha visto favorecida por las grandes

[133] Ibíd. *La cursiva es nuestra.*

[134] Camacho, Ildefonso; Diez preguntas sobre el neoliberalismo, Op. Cit. Pág. 50.

[135] Giddens, Anthony; La Tercera Vía, Madrid 1999.

[136] Si bien la Globalización es un fenómeno complejo que requiere de una mirada multidisciplinar , el factor económico se nos presenta como el más importante y que posibilita y subsume en gran parte a los demás factores.

transformaciones en los medios de comunicación, ocurridos desde finales de la década de los sesenta.

> "Las raíces de este largo proceso se nutren de las sucesivas revoluciones tecnológicas y, muy en particular, de las que han logrado reducir los costos de transporte, información y comunicaciones. La disminución radical del espacio, en el sentido económico del término, es un efecto acumulado de la reducción de los costos y del desarrollo de nuevos medios de transporte, a lo que se une la posibilidad de transmitir información en "tiempo real", cuya primera etapa es la invención del telégrafo y que se expande posteriormente con el teléfono y la televisión. En cambio, el acceso masivo a la información sólo se hace posible gracias a las tecnologías de información y comunicaciones desarrolladas en los últimos años, que han permitido disminuir drásticamente el costo de acceso, aunque evidentemente no ocurre lo mismo con el costo de procesamiento y, por consiguiente, de empleo eficaz de la información."[137]

La comunicación en tiempos de globalización trae consigo la instantaneidad como factor concomitante; Las comunicaciones se hacen inmediatas, ya no es necesaria la frontalidad para expresar muestras de cariño, se puede estar *conectado* con cientos de miles de personas al mismo tiempo y con ello reducir los tiempos de espera.

> "La comunicación electrónica instantánea no es sólo una forma de transmitir noticias o información más rápidamente. Su existencia altera la textura misma de nuestras vidas, seamos ricos o pobres. Algo ha cambiado en la esencia de nuestra experiencia cotidiana cuando puede sernos más conocida la imagen de Nelson Mandela que la cara de nuestro vecino de enfrente"[138]

No podemos obviar esta realidad, los medios de comunicación nos permiten crear ciertos lazos de familiaridad con el resto del planeta y preocuparnos de situaciones que están a miles de kilómetros de distancia, pero ignorantes con lo que sucede en nuestra comuna o vecindario.

Sin embargo, debemos diferenciar algunos conceptos que se relacionan con nuestro concepto de globalización. En principio se debe diferenciar este concepto de los de Internacionalización y Mundialización el primero de ellos sólo dice relación con los procesos en los que los Estado- Nación se relacionan entre si. Mientras que el segundo, dice relación con los procesos en los cuales los ciudadanos comparten una determinada experiencia, un determinado valor o bien. Mientras que el concepto Globalización las incluye a ambas en mayor o en menor grado. La globalización tiene diversas definiciones que enumerarlas todas representa una tarea que es posible abarcar en este texto. Para nosotros se entenderá como un proceso de interconexión compleja que da mayor importancia a los procesos mundiales sobre los procesos nacionales, regionales e individuales y que tiene diversos aspectos; el económico, el político y el cultural y que son posibilitados por la asunción de las tecnologías de la información. Aunque organismos como la CEPAL rechazan el uso normativo de este concepto, porque según ellos, no existe

[137] Comisión Económica para América Latina y el caribe(CEPAL), Globalización y Desarrollo, Parte I, Visión Global, Pág. 19.

[138] Giddens, Anthony; Un mundo desbocado, los efectos de la globalización en nuestras vidas, Editorial Taurus, año 2004, pág. 24.

"una única vía de liberalización plena de los mercados mundiales y de integración a ellos como destino inevitable y deseable de toda la humanidad."[139]Creemos que las investigaciones tanto sociológicas, como económico política, hacen referencia a un proceso continuo, acelerado y desigual de interconexión que involucra ámbitos de la esfera humana que nos permiten hablar de una cercanía virtual y compleja entre grandes zonas del planeta, presididas por grandes y profundos cambios en el ámbito de la economía.

Desde el punto de vista económico, la globalización se caracteriza por profundos cambios en el área financiera. Una economía centrada en la producción de información más que de bienes, propiciadas por las tecnologías de la información, que producen un efecto de interrelación constante entre la producción de conocimiento e información y su utilización distribuida en tiempo real en todo tipo de actividad económica.[140] Las tendencias respecto de la expansión de nuevas formas de producción, de los cambios en el mundo del trabajo, en el del capital y del deterioro del medio ambiente, han transformado el papel del Estado como agente económico. Más concretamente, se está produciendo una pérdida de autoridad económica de éstos. Por otro lado, el poder de regulación económica de los Estados se ha reducido también por causa de los movimientos de capitales. Su liberalización fue una decisión política impulsada internacionalmente por el Fondo Monetario Internacional. Como lo afirma la CEPAL:

> "Estos cambios en la estructura de la producción y el comercio han realzado el protagonismo de las grandes empresas o conglomerados empresariales. De hecho, existe una estrecha relación entre el surgimiento de los sistemas integrados de producción, el aumento de las corrientes de comercio y de inversión extranjera directa, y el creciente protagonismo de las empresas transnacionales. El factor esencial ha sido indudablemente la liberalización del comercio, de los flujos financieros y de las inversiones en los países en desarrollo, que se ha acelerado en las dos últimas décadas. Estos fenómenos contribuyen a explicar la gran oleada de inversión extranjera y la notable concentración de la producción a escala mundial, que caracterizó al último decenio del siglo XX."[141]

Y continúa el texto:

> La globalización financiera ha sido más rápida que la comercial y productiva, y se puede argumentar, con razón, que vivimos en una era de hegemonía de lo financiero sobre lo real. Ambos procesos tienen como telón de fondo un profundo reordenamiento institucional a nivel mundial, cuyo elemento esencial ha sido la liberalización de las transacciones económicas internacionales, corrientes y de capital. Sin embargo, el diseño de nuevas reglas económicas globales sigue siendo insuficiente y muestra claros vacíos institucionales.[142]

Entre los cambios económicos los podemos situar las nuevas formas de producción caracterizadas por una creciente desnacionalización de las fuentes de producción y la

[139] Comisión Económica para América Latina y el caribe (CEPAL), Globalización y Desarrollo, Op. Cit. Pág. 18.
[140] Cfr. Castells, M,; *Más allá de la caridad, responsabilidad social de la empresa en la nueva economía*, en Cortina, Adela; Construir confianza, ética de la empresa en la sociedad de la información y las comunicaciones", Editorial Trotta, Madrid, 2003, pág. 55.
[141] Comisión Económica para América Latina y el Caribe (CEPAL), Globalización y Desarrollo, Op. Cit. Pág. 19.
[142] Ibid. Pág. 20.

desmaterialización de los mismos. En relación con la desnacionalización, si bien, antes estábamos orgullosos de la marca registrada de nuestros productos; *el hecho en*, las transformaciones en las tecnologías de la información y de los transportes, han permitido a las empresas la división internacional de sus procesos de producción, ubicando fases de ellos en distintos países, logrando con ello mayores beneficios para la empresa. Así mismo, el consumo de los productos nacionales es menor y se acrecienta la importación de productos de los lugares más diversos del planeta, transformándonos en consumidores globalizados a veces sin la menor conciencia de ello. Pero junto a ello, se aprecia el proceso acelerado de exportación de parte de todos los países del planeta, con tal que ya no es posible sostener una economía que no necesite de intercambios internacionales para sobrevivir. Los Tratados de Libre comercio (TLC) son la panacea de todas las economías surgentes y desarrolladas, pues se ve en ellos el medio de subsistencia en la economía mundial. Los países deben hoy mantener liberalizados todos sus mercados, evitando las medidas proteccionistas que alejan inversión y, por ende, aíslan y llevan al declive a las economías nacionales. Estos ajustes estructurales son fundamentales en el nuevo ámbito de la economía global.

> "El proceso de transformación estructural de la economía internacional guarda correspondencia, por un lado, con la extensión de la lógica empresarial e industrial a todos los sectores de la economía y, por otro, con la evolución de la especialización del trabajo al interior de la empresa y las estrategias de crecimiento adoptadas a lo largo del tiempo. En el ámbito de la empresa, la progresiva autonomía de las partes integrantes del proceso de trabajo a partir de una determinada escala de producción, las condiciones de competencia en los mercados y los costos de la verticalización del proceso productivo en la propia empresa, se sumaron a cambios del lado de la demanda para favorecer el crecimiento relativo de proveedores independientes de bienes y servicios intermedios. El movimiento hacia la globalización de algunas industrias, y la creación de "plantas globales", intenta reproducir en la geografía mundial los procesos de especialización y contratación externa de una empresa que ocurren en el mercado local."

> "Cabe advertir que la fragmentación del proceso productivo es una modalidad de internacionalización que depende de las características del producto y de su mercado. En realidad, las primeras definiciones de empresas globales se referían a aquellas en las que la producción del bien se daba de forma simultánea y similar en varias regiones del mundo. Las industrias globales, como la de productos alimenticios, artículos para la higiene personal y limpieza, por ejemplo, se caracterizan por la homogeneidad de sus productos, que se fabrican con procesos análogos en plantas ubicadas en distintas regiones. Estas tendencias se han visto acentuadas por la creciente homogeneización de las preferencias de los consumidores, de las tecnologías y de los productos que se transan en los mercados mundiales."[143]

La desmaterialización, por su parte, dice relación con la nueva forma en que los productos adquieren valor añadido. La imagen de los productos están obteniendo mayor peso porque ésta permite y potencia el consumo de las personas y además porque la publicidad o marketing es una forma central de buscar sentido a la vida.

[143] Ibid. Capítulo II, Las dimensiones económicas de la globalización, pág. 41.

> "Pero la desmaterialización de muchos productos ha abaratado su fabricación. Ello es especialmente cierto para un sector que está liderando el crecimiento de los países ricos, la industria de la comunicación. Además, para productos más materiales, un empresario puede encargar a otras empresas parte de las tareas o bien conceder la explotación de su imagen de marca en régimen de franquicia, como es el caso paradigmático de McDonald's. Esta empresa concede en exclusiva licencias de la propia marca, la forma de organizarse y algunos ingredientes a miles de comerciantes particulares. Al final, la empresa, más que comidas concretas y materiales, vende sobre todo su marca y su forma de organización."[144]

La aparición de los mercados financieros globales, que es un elemento propio de la nueva forma de economía, se caracterizan por su superación del tiempo y del espacio por medio de las tecnologías de la información y la internacionalización de la economía. Esto trae transformaciones en las relaciones de clase, pues, se produce un aumento de la desigualdad social, en la distribución del ingreso, así como la polarización de las clases sociales.

Lo anterior se ve agudizado por una nueva división del trabajo. La globalización ha generado una dualización del mercado del trabajo, generando dos clases de trabajadores; los autoprogramables y los genéricos; los autoprogramables *"no se pueden dejar escapar"* porque debido a su carácter versátil y de permanente innovación, entregan mayores beneficios a las empresas que los contratan y se produce con ellos un fenómeno de fidelización,[145] es decir, resulta importante retenerlos porque ellos les otorgan valor añadido, lo que les permite ser difíciles de sustituir. Mientras que los trabajadores genéricos deben sufrir con la precariedad de su trabajo, la presencia siempre amenazante del desempleo, la falta de oportunidades de movilidad en la empresa y de aumento de salario, ya que su labor puede ser sustituible individualmente. Este elemento puede ser considerado perjudicial para los intereses de los trabajadores, ya que permite la existencia de trabajadores temporales y fijos, a tiempo completo y a part time. Sin lugar a dudas que va en beneficio de la atomización de los intereses de los trabajadores al momento de reclamar ciertos niveles de participación en la riqueza que los incrementos de productividad genera.

Esta nueva estructura económica plantea serias dificultades de justicia social y de equidad a nivel macro y micro económico. Aún siguen presentes las proféticas palabras de los obispos en Puebla, cuando analizan la realidad latinoamericana, que hoy diríamos no es sólo una realidad de este continente,

> "El lujo de unos pocos se convierte en insulto contra la miseria de las grandes masas (...) Comprobamos pues, como el más devastador y humillante flagelo, la situación de inhumana pobreza en que viven millones de latinoamericanos (y del resto del planeta diríamos nosotros), expresada por ejemplo en la mortalidad infantil, en la falta de vivienda adecuada, problemas de salud, salarios de hambre, el desempleo y subempleo, desnutrición, inestabilidad laboral, migraciones masivas, forzadas y desamparadas, etc."

---

[144] Màrìa i Serrano, Josep; La Globalización, en Cuadernos de Cristianismo i Justicia, Nº 103, www.fespinal.com

[145] Ibid.

Al analizar más a fondo tal situación, descubrimos que esta pobreza no es una etapa casual, sino el producto de situaciones y estructuras económicas, sociales y políticas, aunque haya también otras causas de la miseria. Estado interno en nuestros países que encuentra en muchos casos su origen y apoyo en "mecanismos que, por encontrase impregnados no de un auténtico humanismo, sino de materialismos producen a nivel internacional, ricos cada vez más ricos a costa de pobres cada vez más pobres"[146]

[146] CELAM, *La Evangelización en el presente y en el futuro de América Latina, Documento de Puebla*, Conferencia Episcopal de Chile, 1979, Pág. 65.

# 4. LA SOLIDARIDAD EN EL MAGISTERIO SOCIAL DE JUAN PABLO II

Antes del Magisterio de Juan Pablo II, la enseñanza eclesiástica sobre la solidaridad pasa por algunos hitos importantes. Hitos que encontrarán en Juan Pablo II su decantamiento y auge. Ya el magisterio social católico había introducido la categoría de solidaridad dentro de su discurso ético religioso. La *Rerum Novarum* de León XIII había hecho mención a la solidaridad[147] entre patrón y obrero, aunque es la *Quadragésimo anno* la que propone como solución a la situación social y económica reinante, un sistema que conjugara el respeto a la Persona y el bien común. Aunque no utiliza la categoría de solidaridad para referirse a esta propuesta, el de caridad política como lazo de unión entre todos en orden a formar una sociedad regida por la justicia, bien puede ser una afirmación análoga a nuestra categoría analizada.

En la Encíclica de Juan XXIII *Pacem in Terris* la Solidaridad es presentada como una virtud que va acompañada de otras tres que deben, a su juicio, guiar las relaciones internacionales y es precisamente la actividad solidaria la que debe permitir organizar moralmente las relaciones entre las naciones.[148]

La solidaridad ayuda a crear una red de asociaciones, de colaboraciones y de intercambios que favorecen la creación de lo que hoy llamamos la sociedad civil internacional, la cual, lejos de disminuir la importancia de la comunidad política, le ayuda en orden a la consecución del bien de las personas y de los grupos.[149]

La solidaridad también se manifiesta en el apoyo y en la atención a los exiliados políticos y, en general, a todos los desplazados de sus propios países. El Papa alaba las

---

[147] Aunque la palabra no aparece en toda la encíclica.

[148] "Volvemos a confirmar, también Nos, lo que constantemente enseñaron Nuestros Predecesores: que también las Comunidades políticas tienen, entre sí, derechos y deberes recíprocos y que, por lo tanto, deben armonizar sus relaciones según la verdad y la justicia, en solidaridad generosa y en libertad. Porque la misma ley moral que regula las relaciones entre los hombres es la que debe también regular las relaciones entre los Estados". JUAN XXIII, Pacem in Terris, Nº 80.

[149] "Las relaciones mutuas entre las naciones, luego de conformarse con la verdad y con la justicia, se deben estrechar mediante la acción solidaria de todos, según múltiples formas de asociación; ello se realiza en nuestro tiempo, con grandes ventajas, en la colaboración económica, política, cultural, sanitaria y deportiva. Y en esto se ha de tener muy presente que la misión natural del poder político no es limitar a las fronteras de su país el horizonte de los ciudadanos, sino el salvaguardar ante todo el bien común nacional que, a su vez, no puede separarse del bien común propio de toda la familia humana". JUAN XXIII; Óp. Cit. Nº 98.

iniciativas promovidas por la solidaridad humana o por la cristiana caridad y que están dirigidas a aliviar los sufrimientos de quienes se ven forzados a abandonar sus países.[150]

Por otro lado, afirma que la solidaridad se opone tenazmente a la carrera armamentista y exige el desarme. Para lograr este objetivo es preciso un cambio de actitud en la forma de entender y de realizar las relaciones internacionales.

Paulo VI, por su parte, da a conocer en diversas ocasiones las implicancias éticas de la solidaridad, pero son principalmente en dos de sus documentos magisteriales; la *Populorum Progressio* y la carta apostólica *Octogésima Adveniens*, en la primera afirma de la solidaridad que es un deber universal que genera un beneficio universal.[151]Mientras que en la segunda invoca una nueva educación en la solidaridad para posibilitar ir más allá de la justicia y lograr el reconocimiento de los derechos de todas las personas, especialmente de los más desposeídos.

## 4.1 FUNDAMENTO ANTROPOLÓGICO DE LA SOLIDARIDAD

En sus escritos pre pontificales, Karol Wojtyla, muestra su interés por la solidaridad. En su obra *"Persona y Acción"*[152] la define en primer lugar como una actitud, ubicándola en el plano de la acción humana, es decir, en el plano del dinamismo de la persona humana.[153]Ella (la acción) significa un momento particular de la persona, no es tanto un

[150] "Por ello, Nos aprovechamos esta ocasión para aprobar y alabar solemnemente todas las iniciativas, conformes a la solidaridad humana o a la caridad cristiana, enderezadas a aliviar los sufrimientos de quienes se ven obligados a expatriarse." JUAN XXIII, Óp. Cit. Nº 107.

[151] "El deber de solidaridad, que está vigente entre las personas, vale también para los pueblos:"Deber gravísimo de los pueblos ya desarrollados es el ayudar a los pueblos que aún se desarrollan" [54]. Hay, pues, que llevar a la práctica esta enseñanza del Concilio. Si es normal que una población sea la primera en beneficiarse con los dones que le ha hecho la Providencia como frutos de su trabajo, ningún pueblo puede, sin embargo, pretender la reserva, para exclusivo uso suyo, de sus riquezas. Cada pueblo debe producir más y mejor a fin de, por un lado, poder ofrecer a sus conciudadanos un nivel de vida verdaderamente humano, y, por otro, contribuir también, al mismo tiempo, al desarrollo solidario de la humanidad. Frente a la creciente indigencia de los países en vías de desarrollo, debe considerarse como normal que un país ya desarrollado consagre una parte de su producción a satisfacer las necesidades de aquéllos; igualmente es normal que se preocupe de formar educadores, ingenieros, técnicos, sabios que pongan su ciencia y su competencia al servicio de aquéllos." PAULO VI, Populorum Progressio, Nº 48.

[152] WOJTYLA, Karol; Persona y Acción, BAC, 1982.

[153] La acción nos permite conocer a la persona mejor y más profundamente más que por la acción en sí misma. Cfr. WOJTYLA, Karol; Persona y Acción, BAC, 1982, pág. 14. El punto de partida y la referencia permanente de esta obra es la experiencia del hombre. Nuestro autor ha de entender aquí como experiencia del hombre a aquel hecho que tiene el hombre de enfrentarse consigo mismo, es decir, en aquella capacidad cognoscitiva de habérselas con su propio yo. El objeto de la experiencia, es entones, el hombre mismo quien, se manifiesta a través de todos los momentos y que al mismo tiempo, está presente en cada uno de ellos.

medio para comprender a la persona sino la manifestación de la persona misma. Hay, por tanto, una correlación estricta entre persona y acción; "Correlación en la que la persona y la acción son los dos miembros – o quizás los dos polos- ; cada una de ellas muestra y explica a la otra."[154]

Afirma que la actitud de solidaridad es una consecuencia natural del hecho de que los seres humanos viven y actúan juntos;[155]

> "Es la actitud de una comunidad en la que el bien común condiciona adecuadamente e inicia la participación, y a su vez, la participación sirve adecuadamente al bien común, lo fomenta e impulsa su realización. Solidaridad significa una disposición constante a aceptar y a realizar la parte que a uno le corresponde en la comunidad – como consecuencia de la condición de miembro de esa comunidad particular"[156]

La Solidaridad está en armonía con el principio de participación[157]. La participación es el hecho ineludible que la acción humana se realiza "junto con otros"[158], toda persona se realiza en comunión con otras personas. Es decir, el hombre es y existe con otros hombres, vive con otros y son los otros los que condicionan sus actos y confirman su existencia. En palabras de Wojtyla "El sello de la característica comunitaria - o social – está firmemente

[154] Ibid. Pág. 306.

[155] WOJTYLA, Karol; Op. Cit. 1982, pág. 332.

[156] Ibid. Cabe notar que es la misma definición de solidaridad que utiliza en la encíclica Solicitudo Rei Socialis Nº 38 que citaremos más tarde.

[157] Por participación, Wojtyla, entiende "aquello en que consiste la trascendencia de la persona en la acción cuando la acción se realiza junto con otros. La característica de esta participación indica, por tanto, que el hombre, cuando actúa junto con otros hombres, conserva en su actuar el valor personalista de su propia acción y al mismo tiempo tiene parte en la realización y en los resultados de la actuación en común (...) La persona, en cuanto hombre que actúa junto con otros, está constituida, en cierta manera, gracias a la participación en su propio ser. Por ello se considera que la participación es una propiedad específica de la persona"", Óp. Cit. Págs. 314-315.

[158] "La expresión 'junto con otras personas' no tiene la precisión necesaria ni describe suficientemente la realidad a que se refiere, pero de momento es la más adecuada, pues llama la atención sobre las diferentes relaciones comunitarias o sociales en que se ven inmersas generalmente las acciones humanas." En otra parte del texto señala que la afirmación sobre la naturaleza social del hombre no puede haber otra cosa que la experiencia de que el hombre existe, vive y actúa junto con otros hombres. (...) La locución 'naturaleza social' parece significar, fundamentalmente, la realidad de existir y actuar 'junto con otros' que se atribuye a todo ser humano a modo de consecuencia; evidentemente, este atributo es consecuencia de la misma realidad, y no al revés." Óp. Cit. Pág. 313.

impreso en la misma existencia."[159]Ello nos lleva a entender la existencia humana como una existencia cooperativa en la que se dan diversos niveles de interacción cooperativas. [160]

> "Las acciones que el hombre realiza en todos sus compromisos sociales y en cuanto miembro de diferentes grupos sociales o comunidades sigue siendo la acción de la persona. Su naturaleza social o comunitaria está arraigada en la naturaleza de la persona, y no al revés. Por otra parte, parece que para explicar la naturaleza personal de la acciones humanas es absolutamente necesario comprender las consecuencias del hecho de que se puede realizar 'junto con Otros'"[161]

Este carácter subjetivo de la acción humana es un valor antropológico fundamental que permea todas las manifestaciones humanas y es por otro lado, intrínseco a la acción misma y a la misma realización de la persona como persona.[162] El tema de la intersubjetividad del hombre es, ante todo, una realidad óntica en el hombre que nos permite relacionarnos con los demás hombres tanto en el ser como en el actuar. [163]Esta experiencia óntica nos une con otros, es más nos atrae a otros.

> "Cuando decimos que la 'participación es una propiedad de la persona, no nos estamos refiriendo a la persona en abstracto, sino a una persona concreta en su correlación dinámica con su acción. En esta correlación, participación significa, por una parte, la capacidad de actuar junto con otros, que hace posible la realización de todo lo que es consecuencia de la actuación en común y al mismo tiempo permite al que está actuando realizar con ello el valor personalista de su acción. Por otra parte, esta capacidad va seguida de su actualización. Por eso, la noción de participación incluye aquí tanto dicha capacidad como su realización"[164]

---

[159] Ibid.

[160] Podemos notar en esta formulación la influencia del Personalismo Francés. Ya Gabriel Marcel afirmaba que; "para el yo humano el ascenso hasta el tú divino va aparejado al encuentro con el tú de los otros hombres. Pues también aquí la forma intersubjetiva de la participación está unida con la encarnación del yo. Al igual que el yo no se separa de su cuerpo, sino que sabe que en el fondo son uno y el mismo, el cuerpo del prójimo no es un objeto para el yo, algo que se le opone como un tecero, sino que el yo personal también se encarna en aquél como un yo que para mí es un tú. El encuentro con el yo sólo es posible en segunda persona, es decir, en forma dialógica. Si se aprehende a la persona del prójimo como algo tercero, como una cosa, se la pierde, pero al mismo tiempo se corre el peligro de perderse a sí mismo" BERNING, Vincent; Gabriel Marcel, en, *La filosofía Cristiana en el pensamiento católico de los siglo XIX y XX,* Tomo III, Ediciones encuentro, pág. 408.

[161] Ibid. Pág. 308.

[162] "El hombre como persona se realiza a sí mismo a través de la realización interpersonal 'yo-tú' y a través de la relación con el bien común, la cual le permite existir y obrar juntamente con los otros como 'nosotros'. WOJTYLA, Karol; *El hombre y su destino*, Ediciones Palabra, Madrid, pág. 102.

[163]" Aunque el pensamiento sea propio de cada uno, es también característica suya la universalidad. Esto permite a cada persona ponerse en relación con los demás, y dar entonces a la especie un estatuto social. Más específico, el hombre es social" POLO, Leonardo; Óp. Cit. pág. 245.

[164] Ibid. Pág. 317.

La alteridad, entonces, juega, en nuestro autor, un rol fundamental en la medida en que ella afirma el carácter relacional de toda acción humana. Este carácter relacional apunta a la identidad misma de la persona. Toda persona humana tiene una vocación solidaria en la medida en que es apertura al otro y todo ella es un acontecer compartido; tiene una historia que lo refiere a otros y que lo define en relación con otros. Junto a otros comparte un destino común; la humanidad.

Desde el punto de vista de la dimensión comunitaria de las personas, la solidaridad, es pues, una virtud[165] que busca la realización de la comunidad humana, es decir, en vistas al bien común los hombres desean más que el beneficio personal el beneficio del conjunto[166], pues al realizar el bien del conjunto los hombres se realizan ellos mismos en su búsqueda, debido al carácter personalista de su acción. En este sentido, la solidaridad juega, a juicio del Wojtyla, una especie de control que salvaguarda la dignidad de las personas e impide "atentar contra las obligaciones y deberes de las demás personas o adoptar como propio lo que pertenece a otras personas."[167]

> "Concebida de esta manera, la solidaridad está en armonía con el principio de participación, que, desde el punto de vista objetivo y material, indica la existencia de partes en la estructura del actuar y ser del hombre en común. La actitud de solidaridad tiene en consideración la parte que corresponde a cada miembro de la comunidad. Hacerse cargo de los deberes y obligaciones que no son míos está en contradicción intrínseca con la participación y con la esencia de la comunidad"[168]

Por lo tanto, la solidaridad en ningún caso ha de encubrir las deficiencias de cada miembro de la comunidad en vistas al bien común, no es ésta la finalidad de la actitud solidaria. Ella no debe confundirse con el hacerse cargo de obligaciones y deberes que no son propios, pues es una situación que es inesencial a la participación y a la vida comunitaria.[169] Sin embargo, la referencia al bien común puede permitir que en ocasiones de necesidad la solidaridad nos lleve a asumir obligaciones y deberes ajenos y nos permita clarificar "hasta qué punto es necesario aceptar, en la actuación y en la responsabilidad, una

---

[165] En tanto que es una disposición del alma, es decir, una capacidad y aptitud permanente y preferencial para comportarse de un modo determinado. Para los griegos la Virtud es una excelencia. Por tanto, las virtudes son estados del alma que permiten a una persona vivir una vida excelente, realizar una función del modo más pleno. El concepto de virtud es el punto de unión entre la filosofía cristiana y la griega y es el mejor encausador de la vida cristiana.

[166] Ibid. Pág. 333.

[167] Ibid.

[168] Ibid.

[169] Ibid.

proporción mayor de la que le corresponde normalmente."[170] Los límites de esta acción solidaria son tales si con ello pretendemos resaltar la importancia de la consecución del bien del todo en la que el hombre se juega ella misma su ser personal.

Desde el punto de vista social, la solidaridad, no niega la virtud de la justicia sino que la presupone, permitiendo que cada miembro de la sociedad responda al llamado a cumplir con su parte en la construcción de la vida social, ello es innegable e incluso urgente, evitando con ello toda forma de egoísmo y de indiferencia que pone en segundo plano la conquista de niveles más plenos de humanización.[171]

> "Este sentido agudo de las necesidades de la comunidad que distingue la actitud de la solidaridad resalta, por encima de todo particularismo o división, su rasgo de complementariedad; ésta consiste en la disposición de todo miembro de una comunidad a complementar mediante su acción lo que hacen los demás miembros de la comunidad"[172]

Por tanto, la actitud solidaria juega un rol complementario esencial al de participación, por lo demás la requiere y la posibilita. No se trata aquí que los individuos sean capaces de alcanzar sus propios fines mediante el sólo esfuerzo personal sin considerar la acción comunitaria, la imposibilidad misma de esto radica en que es intrínseco al ser mismo del hombre el hecho de ser con otros.[173] La solidaridad representa esa manifestación intrínseca del hombre a ser para los demás., un ser que enriquece y se enriquece en la relación y en la donación; un ser que no podría darse sin ella, porque la posee como dimensión esencial.

> "La complementariedad sirve para explicar por qué vemos en la actitud de solidaridad una manifestación intrínseca de la participación en cuanto propiedad de la persona. Es esta actitud la que hace posible que el hombre encuentre su autorrealización al complementar a otros"[174]

Habíamos establecido más arriba que la participación de las personas se da en diferentes niveles. El nivel comunitario o consorcio[175] y el nivel de la proximidad. El

---

[170] Ibid.

[171] "Si el hombre estuviera orientado por naturaleza exclusivamente a su bien individual no sería capaz de querer profundamente el bien del otro hombre" WOJTYLA, Karol; *Mi visión del Hombre*, Editorial Palabra, Madrid, pág. 96.

[172] Ibid.

[173] "Si se considera al hombre un individuo que, por su naturaleza, no tiene ninguna base de pertenencia a la sociedad; si la sociedad y la vida social son solamente resultados de un contrato, como sostenían por ejemplo, Hume, Hobbes o Rousseau; entonces el individuo tiene también el derecho de dictar su voluntad en todo. Puede romper en cualquier momento el contrato social y modificarlo según su parecer y movida quizá exclusivamente por su propia ventaja."WOJTYLA, Karol; *Mi visión del Hombre*, Pág. 95.

[174] Ibid.

[175] Ibid, pág. 340.

primero ya detallado tiene un nivel de interrelación, en algunos casos, más profundo que es la de la proximidad. La idea de *prójimo*, aunque puede ser semejante a la de miembro de una comunidad, no es idéntica,[176]pues "el ser y el actuar junto con otros coloca al hombre dentro de un ámbito de relaciones diversas,"[177] porque es muy distinto hacer notar que alguien es miembro de una determinada comunidad o sociedad y decir de este alguien que es *mi prójimo*.

No se piense aquí en la idea de prójimo con una connotación teológica, sin duda que la tiene, pero no es esa nuestra intención sino lo estrictamente filosófico. El carácter de proximidad dice relación con el hecho de que hay relaciones que están marcadas por la proximidad, por la cercanía. Una persona puede ser miembro de una comunidad y en ello puede ser más cercano o más lejano de mí. Pueden las personas establecer lazos de mayor estrechez, ya sea, por motivos afectivos, geográficos o de otra índole[178]y es natural que con ellos se manifieste una afección distinta que con el resto y se da, de hecho, que en las relaciones comunitarias las personas tiendan a entablar relaciones dispares movidas por consideraciones marcadas por el tinte de la proximidad.

La idea de prójimo dice relación con el hombre en cuanto tal y es indiferente a la condición de miembro de una comunidad determinada; "la idea de hombre nos obliga no sólo a reconocer, sino también a valorar aquello que dentro del hombre es independiente de cualquier comunidad."[179] Esto quiere decir que el sustrato que fundamenta y articula la participación es la idea de prójimo, pues,

> "La idea de prójimo se refiere a la realidad más amplia, a la más común, y también a los más amplios fundamentos de la comunidad interhumana. En realidad, la base de todas las demás comunidades es la comunidad de los hombres, de todos los hombres. Toda comunidad que estuviera desgajada de esta comunidad fundamental perdería inevitablemente su carácter humano"[180]

Siendo pontífice, Juan Pablo II, ubica la solidaridad como uno de los núcleos centrales de su propuesta ética acerca de la concepción de la persona y de la realidad de la sociedad actual.[181] Podemos notar la insistencia sobre ella en todas sus encíclicas sociales y

---

[176] Ibid.

[177] Ibid.

[178] Ibid. Pag. 341.

[179] Ibid. Pág. 343.

[180] Ibid. Pag. 342.

[181] El concepto Solidaridad aparece 3537 veces acuñada por el Pontífice en varias intervenciones de su episcopado. El Magisterio Pontificio. De León XIII a Benedicto XVI, con especial atención a Latinoamérica y España.

en varias intervenciones, catequesis, en viajes apostólicos y textos pontificios. Por citar un ejemplo, la palabra aparece en más de 50 intervenciones sociales; 12 veces en la Encíclica "*Laborem Excercens*" (1981), 26 veces en la Encíclica "*Sollicitudo rei Socialis*" (1987), y 15 veces en la Encíclica "*Centesimus Anuss*" (1991).

Ya en su catequesis del 04 de abril de 1979 hablaba de la necesidad de la solidaridad universal y de la fraternidad cristiana. En ella, el Papa, establecía la necesidad de actualizar la penitencia cuaresmal en términos modernos.

> "Pero es necesario actualizar este tema, traducirlo, por así decir, no sólo a un lenguaje de términos modernos, sino también al lenguaje de la actual realidad humana: interior y social a la vez. ¿Cómo se refieren a la realidad actual las palabras pronunciadas hace miles de años, en un contexto histórico-social completamente diverso, palabras dirigidas a hombres de una mentalidad tan distinta de la de hoy? ¿Cómo es posible, pues, aplicarlas a nosotros mismos? ¿A qué puntos neurálgicos de nuestra injusticia actual, de las iniquidades humanas, de las muchas desigualdades que no han desaparecido ciertamente de la vida de la humanidad - aunque tantas veces la palabra de orden "igualdad" se haya escoto en varias banderas- deben afectar estas palabras?"[182]

Afirma que la penitencia debe ser entendida como una apertura a los otros,

> "Debo estar abierto a cada uno de los hombres, pronto a "ofrecerme". A ofrecerme, ¿con qué? Es sabido que a veces con una sola palabra podemos "hacer un don" a otro, pero también podemos con una sola palabra atacarlo dolorosamente, injuriarlo, herirlo, podemos incluso "matarlo" moralmente."[183]

Esta donación al prójimo no puede quedarse, según el pontífice, en los hechos cercanos, sino que debe atender también a aquellos que están más lejos. La fraternidad cristiana debe ser universal, atendiendo como nuestras las necesidades, injusticias y miserias de los demás hombres, especialmente si son cristianos.

> "Sí, hoy conocemos mucho mejor las necesidades, los sufrimientos, las injusticias de los hombres que viven en otros países, en otros continentes. Estamos lejos de ellos geográficamente, estamos separados por barreras lingüísticas, por fronteras puestas por cada Estado... No podemos meternos directamente en su hambre, en su indigencia, en los malos tratos, en las humillaciones, en las torturas, en la prisión, en las discriminaciones sociales, en su condena a un "exilio exterior" o a la "proscripción", sin embargo, sabemos que sufren y sabemos que son hombres como nosotros, hermanos nuestros. La "fraternidad" no se ha escrito sólo sobre las banderas y estandartes de las revoluciones modernas."[184]

---

[182] JUAN PABLO II; Catequesis del 04 de Abril de 1979.

[183] Ibid.

[184] Ibid.

Es, por tanto, necesario reconocer esta "geografía del hambre" que colorea nuestro planeta. Ello requiere de una responsabilidad activa que despierte nuestra ayuda eficaz. Esta actitud responsable de ayuda activa y eficaz ha de ser una actitud solidaria con los hambrientos y perseguidos. Solidaridad que no es otra que la afirmación renovada de la rica tradición cristiana de acoger al que sufre, de hacerse cargo de las necesidades de los demás.

> "Es necesario además buscar formas en las que esta solidaridad pueda expresarse. Esta ha sido siempre, desde los tiempos más antiguos, la tradición de la Iglesia. De hecho, es bien conocido que la Iglesia de Jesucristo no entró en la historia de la humanidad "en posición de fuerza", sino a través de siglos de sufrir persecuciones. Y precisamente estos siglos han creado la más profunda tradición de la solidaridad cristiana.
>
> También hoy esta solidaridad es la fuerza de una auténtica renovación. Es el camino indispensable para la autorrealización de la Iglesia en el mundo contemporáneo. Es la prueba de nuestra fidelidad a Cristo que ha dicho: "Pobres los tenéis siempre con vosotros" (Jn 12, 8), y aún más: "Cuantas veces hicisteis eso a uno de estos mis hermanos menores, a mí me lo hicisteis" (Mt 25, 40). Nuestra conversión a Dios se realiza sólo por el camino de esta solidaridad." [185]

## 4.2. LA SOLIDARIDAD COMO VIRTUD HUMANA Y CRISTIANA

En la Encíclica *Laborem exercens* (1981), desarrolla el problema del trabajo humano desde la idea de solidaridad: los trabajadores se han reunido en una "comunidad caracterizada por una gran solidaridad"[186], frase que refleja su cercanía a los trabajadores en su Polonia natal[187]. Se trata de la solidaridad de y con los hombres del trabajo por parte de

---

[185] Ibid.

[186] JUAN PABLO II, *Laborem Exercens*, Nº 8.

[187] Juan Pablo II tiene títulos más que suficientes para hablar con autoridad acerca del trabajo humano. Él mismo ha sido durante toda su vida un trabajador infatigable. Cuando los nazis ocuparon Polonia en 1939, se vio obligado a dejar su universidad y buscar trabajo para poder exhibir su "rabeitskarte" (credencial de trabajo) sin la cual habría corrido el riesgo de ser deportado. Él mismo relata esta experiencia: "En aquella época, yo era obrero. Trabajaba en una cantera de pedernal que abastecía a la fábrica de sodio del distrito de Cracovia, llamado Borek Falecki. Mese después de la muerte de mi padre, fui trasladado de la cantera a la fábrica, a la sección depuradora del agua destinada a las calderas. Fueron las circunstancias a la que me encaminaron hacia el trabajo manual. En otoño de 1938, cuando terminé mis estudios en el Instituto de Wadowice, me matriculé para cursar Filosofía y Filología polaca en la Universidad Jagellonne de Cracovia. Un año después, la Universidad fue clausurada por los ocupantes, y sus profesores, muchos de los cuales eran de personas de edad y de gran valía, deportados al campo de concentración de Sachsenhausen. Por eso yo me encontraba en la cantera de pedernal, junto con varios de mis condiscípulos.
Si bien es verdad que debo mucho a un solo año de estudios de la Universidad más antigua de Polonia, puedo afirmar que los cuatro años siguientes, vividos entre obreros, fueron para mí un don de la Providencia. La experiencia que adquirí durante aquel período de mi vida no tiene precio. He dicho muchas veces que concedo tal vez más valor que a un doctorado, ¡lo cual no significa que subestime los títulos universitarios!"cfr. FROSSARD, André; ¡No tengáis miedo!, Plaza & Janes, S.A., Barcelona, 1982, Pág. 13.

todos, de modo que sea reconocida su dignidad humana frente a las situaciones que muestran cierta irregularidad. Esta llamada a la solidaridad se hace urgente y con denotado valor moral cuando se pone en peligro el carácter humano de todo trabajo, frente a la inaudita y concomitante explotación en el campo de las ganancias, de las condiciones de trabajo y de previdencia hacia la persona del trabajador.[188]

Esta solidaridad ha sido acompañada por ciertos niveles de conciencia de los derechos de los trabajadores lo que ha generado muchos cambios en la calidad de los empleos, su nivel de participación en las utilidades de la empresa, superando, en algunos casos, la situación de conflictividad en las empresas y sintiéndose los trabajadores responsables de la marcha de sus propios trabajos[189], también han desarrollado nuevos sistemas alternativos al capitalismo o al colectivismo y asociaciones adecuadas a la dignidad de la persona y del trabajo, que favorecen los niveles de productividad y de cuidado humanos. Sin embargo, la mayor conciencia mundial, acompañado por los procesos de globalización gatillados por las tecnologías de las comunicaciones, han permitido un mayor y mejor diagnóstico de todas aquellas inequidades en el acceso y empleo al trabajo a nivel mundial, provocando una mayor solidaridad, en sentido de empatía, con el mundo obrero.

> "A escala mundial, el desarrollo de la civilización y de las comunicaciones ha hecho posible un diagnóstico más completo de las condiciones de vida y del trabajo del hombre en toda la tierra, y también ha manifestado otras formas de injusticia muchas más vastas de las que, en el siglo pasado, fueron un estímulo a la unión de los hombres del trabajo para una solidaridad particular en el mundo obrero. Así ha ocurrido en los países que han llevado ya a cabo un cierto proceso de revolución industrial; y así también en los países donde el lugar primordial de trabajo sigue estando en el cultivo de la tierra u otras ocupaciones similares."[190]

Esta solidaridad se expresa en la asociación de los trabajadores que se presenta como un derecho. Los trabajadores tienen el derecho a formar uniones que tengan como finalidad la defensa de los intereses de los hombres empleados. En este papel los sindicatos juegan un rol fundamental en la vida social, especialmente en las sociedades modernas. La ética social Cristiana derivada del magisterio de Juan Pablo II establece que la asociatividad

---

[188] JUAN PABLO II; *Laborem Exercens,* Nº 8. También Juan Pablo II establece que la falta de calidad del empleo se produce también en países donde ciertos sistemas ideológicos o de poder favorecen sistemas de injusticia laboral.

[189] La Doctrina Social de la Iglesia ha insistido mucho en la necesaria participación de los trabajadores en la marcha de las empresas, participación que se puede expresar en tres niveles: participación del trabajo, en los beneficios del trabajo y en la propiedad de un trabajo y en la gestión del trabajo. Cfr. JUAN PABLO II; *Laborem Exercens*, Nº 8.

[190] JUAN PABLO II; *Laborem Execerns*, Ibid.

de los trabajadores son un exponente de la justicia social, por los justos derechos de los hombres de trabajo en las distintas profesiones.[191]

En la Encíclica *Redemptor Hominis* ya había afirmado la importancia de la solidaridad en el marco de una realidad dicotómica de opulencia y miseria que si nos atrevemos a definirla tendríamos que hacer alusión a la situación del hombre en el mundo contemporáneo como distante de las exigencias objetivas del orden moral, distante de las exigencias de justicia y, más aún, del amor social[192]. La solidaridad, en este contexto, es un llamado al corazón humano a no ser indiferente a estas graves diferencias no exentas de reparos éticos, e implica un decidido esfuerzo por transformar las estructuras políticas, sociales y económicas. [193]

> "El principio de solidaridad, en sentido amplio, debe inspirar la búsqueda eficaz de instituciones y de mecanismos adecuados, tanto en el orden de los intercambios, donde hay que dejarse guiar por las leyes de una sana competición, como en el orden de una más amplia y más inmediata repartición de las riquezas y de los controles sobre las mismas, para que los pueblos en vías de desarrollo económico puedan no sólo colmar sus exigencias esenciales, sino también avanzar gradual y eficazmente."[194]

En su discurso ante la OIT, Juan Pablo II, formulaba este mismo llamado a los hombres del trabajo, indicando que ella debe ser el pilar para la dignificación del trabajo como valor subjetivo en la que todo el hombre se siente comprometido. Esta nueva solidaridad que denomina aquí, debe estar más allá de toda forma de ideologización para poder descubrir el verdadero sentido de la actividad humana en el trabajo. Esta solidaridad

---

[191] MIFSUD, Tony; *Moral de Discernimiento, Tomo IV, Propuesta y Protesta,* 4ª Edición, Ediciones Universidad Alberto Hurtado – San Pablo, Santiago de Chile, 2003, pág. 145.

[192] JUAN PABLO II; *Encíclica Redemptor Hominis*, 1979. Nº 103.

[193] "Nos encontramos ante un grave drama que no puede dejarnos indiferentes: el sujeto que, por un lado, trata de sacar el máximo provecho y el que, por otro lado, sufre los daños y las injurias es siempre el hombre. Drama exacerbado aún más por la proximidad de grupos sociales privilegiados y de los de países ricos que acumulan de manera excesiva los bienes cuya riqueza se convierte de modo abusivo, en causa de diversos males. Añádanse la fiebre de la inflación y la plaga del paro; son otros tantos síntomas de este desorden moral, que se hace notar en la situación mundial y que reclama por ello innovaciones audaces y creadoras, de acuerdo con la auténtica dignidad del hombre.
La amplitud del fenómeno pone en tela de juicio las estructuras y los mecanismos financieros, monetarios, productivos y comerciales que, apoyados en diversas presiones políticas, rigen la economía mundial: ellos se revelan casi incapaces de absorber las injustas situaciones sociales heredadas del pasado y de enfrentarse a los urgentes desafíos y a las exigencias éticas. Sometiendo al hombre a las tensiones creadas por el mismo, dilapidando a ritmo acelerado los recursos materiales y energéticos, comprometiendo el ambiente geofísico, estas estructuras hacen extenderse continuamente las zonas de miseria y con ella la angustia, frustración y amargura" JUAN PABLO II; Ibíd.

[194] JUAN PABLO II; *Encíclica Redemptor Hominis*, Nº 106.

está llamada a ir más allá de las meras fronteras nacionales y debe alcanzar a los hombres de todas las naciones, una suerte de globalización de la solidaridad.[195]

En la Encíclica *"Sollicitudo rei socialis"*[196] es donde Juan Pablo II se ocupa explícitamente el tema de la solidaridad. La ubica como una de las principales virtudes cristianas[197], y una de las claves para comprender la dignidad de la persona humana. En la encíclica, el pontífice, nos permite establecer que la solidaridad es una síntesis entre la caridad cristiana y la justicia social. La justicia, como la expresión efectiva del amor, y la caridad, como el necesario compromiso de todos a jugárselas por niveles mayores de justicia social, entendiendo al otro no solamente como alguien sujeto de derechos y deberes sino que es alguien merecedor de todo mi aprecio y dignidad en un plano de igualdad. La solidaridad, en este marco, se encuadra como la unión del carácter objetivo brindado por la justicia y el carácter subjetivo de la caridad.

> "Pero la solidaridad no se limita al concepto de igualdad, porque no afirma tan sólo el reconocimiento del otro en su alteridad sino también sostiene la opción de asumir los intereses

[195] JUAN PABLO II; Discurso ante la Organización Internacional del Trabajo, Nº 8, Ginebra, 1982. En este mismo discurso relaciona las exigencias éticas de la solidaridad frente al desempleo, afirma; "Así entendida la solidaridad aporta una luz particular sobre el problema del empleo, que se ha convertido en una de las cuestiones más importantes de la sociedad actual...La solución debe encontrarse en la solidaridad con el trabajo... La persona es el criterio último y definitivo de la planificación del empleo; la solidaridad con el trabajo constituye el motivo más alto en todas las búsquedas de solución y abre un nuevo campo a la ingeniosidad y la generosidad del hombre.
Lo afirmo con energía; tanto a nivel nacional como a nivel internacional, la solución positiva del problema del empleo y del empleo juvenil en particular, supone una solidaridad muy forme del conjunto de la población y del conjunto de los pueblos: que cada cual esté dispuesto a aceptar los sacrificios necesarios, que cada uno colabore para poner en práctica programas y acuerdos tendientes a hacer de la política económica y social una expresión tangible de la solidaridad, que todos ayuden a implantar las estructuras apropiadas, económicas, técnicas, políticas y financieras que impone necesariamente el establecimiento de un nuevo orden social solidario." (nº 11 y 12)

[196] Esta encíclica ha sido considerada como la encíclica de la solidaridad. VIDAL, Marciano; *Para comprender la solidaridad,* Op. Cit. Pág. 62.

[197] No creemos que sea esta encíclica el lugar en el que Juan Pablo II la introduzca en el lenguaje moral de la ética cristiana como lo afirma Julio Martínez en su articulo *"El personalismo solidario de Juan Pablo II: convertir la interdependencia en solidaridad"* en www.ucm.es/BUCM/revistas/cps/16962206/articulos/UNIS0606130409A.PDF , enero 2006, pág. 410. ya hemos visto que ella es citada por el pontífice desde inicios de su pontificado (1979) y tampoco creo que sea la primera vez que se incluya en la Doctrina Social de la Iglesia, como lo afirma el mismo autor. Hemos señalado ya con algunos detalles lo errado de esta afirmación.

del otro como propios y la consecuente responsabilidad colectiva frente a las necesidades del otro. La solidaridad, por ello, dice relación a una lógica de acción colectiva."[198]

La solidaridad es, a la vez, que síntesis entre la virtud teologal de la caridad y la cardinal de la justicia, el necesario elemento que permite dimensionar el carácter personalista de la obra de Wojtyla. Como ya hemos visto, la solidaridad busca responder al carácter social de la naturaleza humana. El hombre no es anónimo es el devenir histórico, sin fundamento ni consistencia,[199] El individuo no puede realizarse como persona prescindiendo de los demás. Así como también los pueblos, en esta era de la globalización, no pueden sobrevivir y alcanzar el desarrollo aislados sino complementándose con los demás.

Es así que para celebrar los veinte años de la Populorum Progressio, el pontífice vuelve una vez más al problema del desarrollo de los pueblos y la actitud solidaria frente a las realidades de subdesarrollo, miseria e injusticia que sufren muchos pueblos. Es claro al afirmar que el desarrollo no es un proceso rectilíneo en el que el ser humano marcha sino que él debe ser el producto de ciertas condiciones que se ven empañadas por una mala distribución de los bienes y servicios destinados originariamente a todos.[200]

Afirma que los problemas del mundo contemporáneo más que una responsabilidad técnica pertenecen al ámbito de la responsabilidad humana y que para alcanzarlo se debe perseguir "en el cuadro de la solidaridad y de la libertad sin sacrificar nunca ni la una ni la otra"[201], evidenciando así "el carácter moral"[202] del desarrollo. El grave problema de nuestro tiempo radica en la antítesis entre Ser y Tener, explicación última de la desigualdad para el pontífice. Por un lado,

> "están aquellos los pocos que poseen mucho, y que no llegan verdaderamente a ser, porque, por una inversión de la jerarquía de valores, se encuentran impedidos por el culto del deber, y están los otros, los muchos que poseen poco o nada, los cuales no consiguen realizar su vocación humana fundamental al carecer de los bienes indispensables"[203]

---

[198] CENTRO DE ÉTICA DE LA UNIVERSIDAD ALBERTO HURTADO; *Solidaridad, Informe ethos,* Nº 23, año 2002, Universidad Alberto Hurtado, Santiago de Chile.

[199] POLO, Leonardo; Sobre la existencia Cristiana, Ediciones Universidad de Navarra S.A. Pamplona, España, pág. 155.

[200] JUAN PABLO II; Sollicitudo Rei Socialis Nº 28.

[201] POLO, Leonardo, Ibid. Pág. 167.

[202] JUAN PABLO II; Sollicitudo Rei Socialis Nº 33.

[203] JUAN PABLO II, *Solicitudo Rei Socialis,* Nº 28. En la conferencia del episcopado latinoamericano establecía ya esta grave problemática al afirmar: "mecanismos que, por encontrarse impregnados no de auténtico humanismo, sino de materialismo, producen a nivel internacional ricos cada vez más ricos a costa de pobres

Esta oposición entre ser y tener es una de las características que, según el Pontífice, denota la mentalidad de nuestro tiempo que apuntan, más bien, a una potenciación de la exterioridad y olvida el enriquecimiento interior.[204] y conlleva una transvalorización de todos los valores y el riesgo de la integridad misma de la persona. Pero el problema no estriba tal vez en el tener por sí mismo, sino al no respeto de la calidad y la jerarquía que derivan, según el Pontífice, de la subordinación de los bienes y de su disponibilidad al ser del hombre y a su verdadera vocación.[205]

Notamos un distanciamiento en la comprensión de la solidaridad que tiene Juan Pablo II de sus antecesores y de la doctrina clásica católica que es más bien ontológica. Esta comprensión es ante todo antropológica y ética y responde más bien al personalismo desarrollado en Polonia.

---

cada vez más pobres" Discurso Inaugural IIIª Conferencia General del Episcopado Latinoamericano, Puebla México, 1979.

[204] Ibid. Continúa afirmando: "Ciertamente, la diferencia entre " ser " y " tener ", y el peligro inherente a una mera multiplicación o sustitución de cosas poseídas respecto al valor del " ser ", no debe transformarse necesariamente en una antinomia. Una de las mayores injusticias del mundo contemporáneo consiste precisamente en esto: en que son relativamente pocos los que poseen mucho, y muchos los que no poseen casi nada. Es la injusticia de la mala distribución de los bienes y servicios destinados originariamente a todos."SRS 28, En otra ocasión establece el papel fundamental que tiene una educación centrada en el verdadero sentido de lo humano; "La educación consiste, en efecto, en que el hombre llegue a ser cada vez más hombre, que pueda "ser" más y no sólo que pueda "tener" más, y que, en consecuencia, a través de todo lo que "tiene", todo lo que "posee", sepa "ser" más plenamente hombre. Para ello es necesario que el hombre sepa "ser más" no sólo "con los otros", sino también "para los otros". La educación tiene una importancia fundamental para la formación de las relaciones interhumanas y sociales." JUAN PABLO II, 2 de junio de 1980 Discurso a la Organización de las Naciones Unidas para la Educación, la Ciencia y la Cultura - UNESCO (visita pastoral a parís y lisieux) Ver también, DISCURSO AL MUNDO DE LA CULTURA Y CONSTRUCTORES DE LA SOCIEDAD (UNIVERSIDAD CATÓLICA), Chile, 1987, Nº 4; Centesimus Annus, Nº 36; Viaje Apostólico a Brasil, Discurso a los emigrantes, 16 de Octubre de 1991.Nº 4; Viaje Apostólico a España 14 de junio de 1993, Homilía en el Santuario de la Virgen de la cinta, Nº 6.

[205] JUAN PABLO II, SRS Nº 28. "No es malo el deseo de vivir mejor, pero es equivocado el estilo de vida que se presume como mejor, cuando está orientado a tener y no a ser, y que quiere tener más no para ser más, sino para consumir la existencia en un goce que se propone como fin en sí mismo (75). Por esto, es necesario esforzarse por implantar estilos de vida, a tenor de los cuales la búsqueda de la verdad, de la belleza y del bien, así como la comunión con los demás hombres para un crecimiento común sean los elementos que determinen las opciones del consumo, de los ahorros y de las inversiones. A este respecto, no puedo limitarme a recordar el deber de la caridad, esto es, el deber de ayudar con lo propio "superfluo" y, a veces, incluso con lo propio "necesario", para dar al pobre lo indispensable para vivir. Me refiero al hecho de que también la opción de invertir en un lugar y no en otro, en un sector productivo en vez de otro, es siempre una opción moral y cultural. Dadas ciertas condiciones económicas y de estabilidad política absolutamente imprescindibles, la decisión de invertir, esto es, de ofrecer a un pueblo la ocasión de dar valor al propio trabajo, está asimismo determinada por una actitud de querer ayudar y por la confianza en la Providencia, lo cual muestra las cualidades humanas de quien decide." Centesimus Annus, Nº 36.

Insiste nuestro autor que la solidaridad sólo será posible cuando todos se reconozcan como personas, cuando los que tengan más puedan reconocer la miseria de los que tienen menos y estén dispuestos a compartir con ellos lo que poseen. Esto no puede ser posible sino es por medio de una *solidaridad activa* de toda la sociedad, pero esta solidaridad activa sólo es posible si somos capaces de reconocer al otro como sujeto de derechos y deberes y podamos reivindicar los legítimos derechos que éstos poseen. De allí que la definición que adopta de solidaridad, y que es ya clásica, evita que se la entienda como un mero sentimiento, es decir, como una emoción pasajera y superficial que no afecta lo medular de la existencia humana. La solidaridad es una virtud, un hábito que requiere ser comprendido y vivenciado desde la naturaleza social del hombre.

> *"Esta no es, pues, un sentimiento superficial por los males de tantas personas, cercanas o lejanas. Al contrario, es la determinación firme y perseverante de empeñarse por el bien común; es decir, por el bien de todos y cada uno, para que todos seamos verdaderamente responsables de todos."*[206]

Sin una referencia cabal a la complejidad de la existencia humana la solidaridad se puede confundir y desvirtuar. De allí que nos parece que Juan Pablo II recoja la definición jurídica de la solidaridad como una obligación *in solidum* y la introduzca en el discurso moral con ese talante vinculante. Sólo será posible la solidaridad cuando los integrantes de la sociedad toda nos veamos obligados a ser empáticos, liberados de una visión egoísta que nos impide comprometernos en la realización del bien común, es decir, en el bien de todos y de cada uno. Esta responsabilidad para con el otro no es otra que asumir nuestra intersubjetividad o interdependencia mutua que emerge una vez que nos sintamos todos partícipes de un mismo destino; el destino del hombre.

> "La solidaridad nos ayuda a ver al "otro" – Persona, pueblo o nación, no como un instrumento cualquiera para explotar a poco coste su capacidad de trabajo y resistencia física, abandonándolo cuando ya no sirve, sino como un "semejante" nuestro, una ayuda (Gén. 2,18-20), para hacerlo partícipe, como nosotros, del banquete de la vida al que todos los hombres son igualmente invitados por Dios. De ahí la importancia de despe4rtar la conciencia religiosa de los hombres y de los pueblos"[207]

La construcción de un éthos solidario debe, ante todo, estar marcado por una correcta comprensión de la Persona humana que radica en algo que lo trasciende, es decir, el ser humano es originalmente un ser llamado a la existencia por Otro y se realiza en los otros. Esta dignidad de la persona humana, de la cual emergen sus derechos y deberes, exige entenderla como el centro activo y responsable de toda acción social, ya lo establece

[206] Ibid

[207] JUAN PABLO II; SOLICITUDO REI SOCIALIS; nº 39.

la Doctrina Social de la Iglesia cuando afirma que el hombre es el principio, centro y meta de toda actividad social.

> "Por lo tanto, la base antropológica de la solidaridad consiste en el reconocimiento de la igual dignidad de todo ser humano que precisa de una sociedad que sea humana. La humanización de la sociedad permite el crecimiento del individuo y la humanización del individuo permite la construcción humana de la sociedad. Individuo y comunidad se implican mutuamente sin negar ninguna de las dos dimensiones. El ser humano es un ser social y lo social es la configuración de personas."[208]

Según Martínez[209], podemos notar en Juan Pablo II una tridimensionalidad del concepto de solidaridad en la doctrina social de Juan Pablo II. Por un lado, la solidaridad es un imperativo ético, una exigencia que nace del carácter comunitario de la dignidad de la persona humana que se despliega tanto a nivel ético personal, ético comunitario y ético político. Desarrollemos un poco más esta relación:

La solidaridad como exigencia ético personal implica que ella debe superar la lógica del sentimiento y del altruismo supererogatorio que sólo nace de la buena voluntad y termina donde termina la buena voluntad. Esta visión no atiende al otro como sujeto de carne y hueso que tiene una historia personal en la que se muestran las huellas del sufrimiento y de la injusticia. Se hace necesaria una actitud de *com-pasión*, es decir, de una atención especial al otro que implica un sentirse afectado por el mismo, apasionarse por la subjetividad del otro que la siento como mi subjetividad. Un pathos que se instaura en lo más profundo de la vivencia humana.

> "La solidaridad dice relación a nuestra condición de pertenecer a la familia humana, y por lo tanto, nuestra necesidad de asumir la responsabilidad frente a lo humano. No se trata de un lujo conceptual ni de una abstracción innecesariamente complicada si no dice relación a la condición imprescindible de sobrevivencia de lo humano. En otras palabras, no admitir la solidaridad como requisito existencial es condenarse a la autodestrucción, porque el no hacerse responsable de lo humano se pone en peligro la propia humanidad."[210]

En el plano ético comunitario, la solidaridad exige construir una cultura de la solidaridad que permita el cultivo de valores tales que favorezcan un estilo de vida que sea propia de una forma participativa de entender la vida personal y social. Esta dimensión se complementa con la dimensión ético política de la solidaridad en la cual ésta se une estrechamente con la justicia social, como condición mínima necesaria de participación a

[208] MIFSUD, Tony; Moral Social, Lectura solidaria del continente, Celam, Santa Fe, Colombia, 1994.pág. 255.
[209] MARTINEZ, JULIO; El personalismo solidario de Juan Pablo II: convertir la interdependencia en solidaridad, UNICSI discusión papers, Nº 10, Enero de 2006.
[210] MUFSUD, Tony; Op. Cit. Pág. 254.

la que deben acceder las personas en el entramado social. Para que se realice este nivel de solidaridad se requieren de instituciones estables tanto a nivel local como global para salvaguardar la dignidad de las personas y de los bienes de éstas, así como de las sociedades en su organización interna y externa.[211]

> "Las tres dimensiones se co-implican, se necesitan, alimentan y purifican mutuamente; se interpelan y se autentifican abriéndose unas a otras. Sin solidaridad personal y comunitaria me parece imposible trabajar por la solidaridad política. Pero, a la vez, sin la vertiente política las otras quedan y pueden quedar, al fin y a la postre, en gestos bienintencionados o en expresiones emocionales. Los tres sujetos – individuos, comunidades e instituciones- de cada una de las dimensiones son imprescindibles para una praxis de la solidaridad que sirva a la dignidad humana, pero ninguno de ellos solo es suficiente."[212]

Es por ello, que Juan Pablo II no rehúsa en ubicar la solidaridad dentro del catálogo de las virtudes cristianas. Pues, a la luz de la fe la solidaridad tiende a enriquecerse de otras virtudes cristianas tales como la gratuidad total, el perdón y la reconciliación.[213]

> "Entonces el prójimo no es solamente un ser humano con sus derechos y su igualdad fundamental con todos, sino que se convierte en la imagen viva de Dios Padre, rescatada por la sangre de Jesucristo y puesta bajo la acción permanente del Espíritu Santo. Por tanto, debe ser amado, aunque sea enemigo, con el mismo amor con que le ama el Señor, y por él se debe estar dispuestos al sacrificio, incluso extremo: " dar la vida por los hermanos " (cf. 1 Jn 3, 16).Entonces la conciencia de la paternidad común de Dios, de la hermandad de todos los hombres en Cristo, " hijos en el Hijo ", de la presencia y acción vivificadora del Espíritu Santo, conferirá a nuestra mirada sobre el mundo un nuevo criterio para interpretarlo. Por encima de los vínculos humanos y naturales, tan fuertes y profundos, se percibe a la luz de la fe un nuevo modelo de unidad del género humano, en el cual debe inspirarse en última instancia la solidaridad."[214]

La antropología cristiana al acoger esta definición de solidaridad entiende al hombre como un ser íntimamente intersubjetivo que va mucho más allá de la interpretación clásica de la misma y que ya hemos citado ampliamente. Al igual que la armonía clásica la solidaridad viene precedida de una unidad intrínseca que va más allá de estructuraciones y uniones modernas que terminan en la dispersión.[215] La persona es más un *que*, un algo, sino un alguien que es conocido desde siempre y para siempre por Otro. A él le reconoce

---

[211] Cfr. Ibid.

[212] Ibid.

[213] JUAN PABLO II; Solicitudo Rei Socialis, Nº 40.

[214] Ibid.

[215] POLO, Leonardo; *Sobre la existencia cristiana,* eunsa, Pamplona, España, pág. 166. Polo entiende que la modernidad posee un carácter desarticulador del hombre, haciéndole perder su centralidad y derivándola a las estructuras tecnocráticas que fijan su atención más bien en los resultados de tipo cuantitativo y no de la integralidad del existir humano.

como padre común, de quien reconocemos nuestra dignidad como imagen divina, salvado en la cruz por Cristo y abierto a la acción del Espíritu Santo.[216]

Es innegable el talante cristiano que para Juan Pablo II goza este término, pues implica una necesaria conversión del corazón y de las estructuras.[217] Y que la desigualdad social es una injusticia tienen para el cristiano una fuerte connotación religiosa. Implica reconocer en las acciones humanas insolidarias actitudes pecaminosas que están lejos de constituirse en un camino seguro para el desarrollo y la paz de las personas y las naciones.[218] La solidaridad viene a presentarse así más que una cuestión de acuerdo mutuo o como una búsqueda de la armonía al estilo griego. Es en Juan Pablo II la comunión intima "la intersubjetividad (lo que en Dios la Teología llama circuminsessio) es propia del ser personal, que sin ella sería desgraciado"[219]

La Solidaridad que debe ir precedida de una toma de decisiones no sólo económica y política, sino por sobre todo, según el pontífice, de una decisión moral ineludible pues ésta es su raíz; las desigualdades sociales y económicas, las diferencias entre el norte y el sur, las posibilidades de acceso al desarrollo humano pasan por sobre todo, por un problema de actitudes de las personas que impiden o frenan a los demás al acceso igualitario al desarrollo.[220] Salir del subdesarrollo implicará una decisión moral principalmente y es por ello que, se hace necesario apelar a la conciencia de las personas para su superación. Juan Pablo II está claro que los pecados sociales[221] a los cuales nos vemos enfrentados, son fruto de la concentración y acumulación de muchos pecados personales.

Para el Pontífice no hay desarrollo que no incluya la solidaridad como valor constituyente. No es posible entender la idea de superación de la pobreza, de calidad de vida, de respeto al medioambiente sino se precisa de una actitud solidaria. La solidaridad se transforma así en una necesaria utopía, pero igualmente en una praxis que lleva al desarrollo. Sólo mediante ella todos los hombres están llamados a sentirse activos

---

[216] Ibid.

[217]" Por eso, la solidaridad debe cooperar en la realización de este designio divino, tanto a nivel individual, como a nivel nacional e internacional. Los "Mecanismos perversos" y "las estructuras de pecado" de que hemos hablado, sólo podrán ser vencidos mediante el ejercicio de la solidaridad humana y cristiana, a la que la Iglesia invita y que promueve incansablemente. Sólo así tantas energías positivas podrán ser dedicadas plenamente a favor del desarrollo y de la paz" JUAN PABLO II, *Solicitudo rei Socialis* Nº 41.

[218] Ibid.

[219] POLO, Leonardo;, pág. 165.

[220] Ibid. Nº SRS 35.

[221] El pontífice aclara que aquello que él denomina pecados estructurales son aquellos que nosotros conocemos como "egoismo", "estrechez de miras", "cálculos políticos errados", "Decisiones económicas imprudentes", etc. JUAN PABLO II; SRS Nº 36.

protagonistas de su propio crecimiento. Sin lugar a dudas que un país desarrollado es un pueblo solidario.[222]

En la encíclica *Centesimus Annus* el pontífice constata el hecho que la solidaridad se ha transformado en un principio fundamental de la Doctrina Social de la Iglesia y por tanto, de la concepción cristiana de la organización social y política.[223]Este principio busca defender a los más débiles y se preocupa de propiciar un papel activo del Estado en la vida económica como un garante de la libre participación de todos los agentes, pero también asentando los límites necesarios para el bien común y la promoción de los más pobres.[224] En este sentido, la solidaridad va muy de la mano con el principio de subsidiariedad que busca proteger a la persona humana y a las comunidades locales y grupos intermedios del peligro de perder su legítima autonomía.[225]

En ese sentido aplaude los avances en la superación de pobreza e iniquidad que viven especialmente los trabajadores y los países que estaban bajo el amparo de la ideología socialista, la vuelta a la democracia como instancia de diálogo y solidaridad para salir de situaciones complejas y perseverancia en derrotar con las armas del esfuerzo y la paz los dolorosos problemas que les aquejan.[226]

Mirando especialmente la situación que sufrió su Polonia natal,[227] Juan Pablo II demuestra su entusiasmo, por la solidaridad del mundo trabajador especialmente porque esta solidaridad se ha realizado, muchas veces, bajo el amparo de la Iglesia, la que ha posibilitado estos encuentros, los cuales se realizaron apoyándose en la Doctrina Social de la Iglesia.[228]

---

[222] MIFSUD, Tony; Moral Social, Lectura solidaria del continente, Celam, Santa Fe, Colombia, 1994.pág. 262.
[223] JUAN PABLO II; *Encíclica Centesimus Annus* Nº 10.
[224] Ibid, Nº 15.
[225] VIDAL, Marciano; Para comprender la solidaridad, Op. Cit. Pág. 63.
[226] Ibid Nº 22.
[227] Ibid Nº 23; "Entre los numerosos factores de la caída de los regímenes opresores, algunos merecen ser recordados de modo especial. El factor decisivo que ha puesto en marcha los cambios es sin duda alguna la violación de los derechos del trabajador. No se puede olvidar que la crisis fundamental de los sistemas que pretenden ser expresión del gobierno y, lo que es más, de la dictadura del proletariado da comienzo con las grandes revueltas habidas en Polonia en nombre de la solidaridad. Son las muchedumbres de los trabajadores las que desautorizan la ideología, que pretende ser su voz; son ellas las que encuentran y como si descubrieran de nuevo expresiones y principios de la doctrina social de la Iglesia, partiendo de la experiencia, vivida y difícil, del trabajo y de la opresión."
[228] Afirma el papa "La primera consecuencia ha sido, en algunos países, el encuentro entre la Iglesia y el Movimiento Obrero, nacido como una reacción de orden ético y concretamente cristiano contra una vasta situación de injusticia. Durante casi un siglo dicho movimiento en gran parte había caído bajo la hegemonía

Esta solidaridad se debe transformar en una solidaridad global que motive y haga exigible la cooperación sincera entre las naciones, la ayuda desinteresada y un imprescindible orden internacional donde el desarrollo y la paz sean los valores guías, que sean el bastión que detenga y silencie las formas de represión y autoritarismos. Estas formas de autoritarismos y totalitarismos y otras deben ser bien analizadas desde una correcta comprensión de la persona humana que lo entienda como un nudo de relaciones solidarias con la creación, con los demás hombres, sus hermanos, consigo mismo y con Dios."El hombre no puede darse a un proyecto solamente humano de la realidad, a un ideal abstracto, ni a falsas utopías".[229] Estos análisis nos llevarán necesariamente a descubrir situaciones alienantes en las sociedades occidentales en las que la economía de mercado entiende el trabajo como una mercancía y no como una expresión de la subjetividad de la persona humana. Sobre lo anterior afirma:

> "La alienación se verifica también en el trabajo, cuando se organiza de manera tal que "maximalista" solamente sus frutos y ganancias y no se preocupa de que el trabajador, mediante el propio trabajo, se realice como hombre, según que aumente su participación en una auténtica comunidad solidaria, o bien su aislamiento en un complejo de relaciones de exacerbada competencia y de recíproca exclusión, en la cual es considerado sólo como un medio y no como un fin."[230]

Así lo podemos notar que en nuestro autor hay una preocupación constante por la solidaridad como una virtud humana y cristiana que exige de todos los hombres y de las comunidades humanas, sean instituciones, grupos, naciones, que participen de manera activa en la gestión de una vida de calidad especialmente en los ámbitos sociales, políticos y económicos, superando la concepción meramente individualista.

---

del marxismo, no sin la convicción de que los proletarios, para luchar eficazmente contra la opresión, debían asumir las teorías materialistas y economicistas." Ibid. Nº 26.

[229] "Es necesario iluminar, desde la concepción cristiana, el concepto de alienación, descubriendo en él la inversión entre los medios y los fines: el hombre, cuando no reconoce el valor y la grandeza de la persona en sí mismo y en el otro, se priva de hecho de la posibilidad de gozar de la propia humanidad y de establecer una relación de solidaridad y comunión con los demás hombres, para lo cual fue creado por Dios. En efecto, es mediante la propia donación libre como el hombre se realiza auténticamente a sí mismo, y esta donación es posible gracias a la esencial "capacidad de trascendencia" de la persona humana. El hombre no puede darse a un proyecto solamente humano de la realidad, a un ideal abstracto, ni a falsas utopías. En cuanto persona, puede darse a otra persona o a otras personas y, por último, a Dios, que es el autor de su ser y el único que puede acoger plenamente su donación. Se aliena el hombre que rechaza trascenderse a sí mismo y vivir la experiencia de la auto donación y de la formación de una auténtica comunidad humana, orientada a su destino último que es Dios. Está alienada una sociedad que, en sus formas de organización social, de producción y consumo, hace más difícil la realización de esta donación y la formación de esa solidaridad interhumana." Ibid, Nº 41.

[230] Ibid Nº 41.

Esto lo ha hecho notar en innumerables viajes apostólicos[231], pero especialmente en Chile cuando afirma con marcada nitidez la importancia de la solidaridad como proyecto humano deseable. Ante los representantes de la cultura y los constructores de la sociedad, en la Universidad Católica:

> "En términos concretos, esto significa promover una cultura de la solidaridad que abarque la entera comunidad. Vosotros, como elementos activos en la conciencia de la Nación y compartiendo la responsabilidad de su futuro, debéis haceros cargo de las necesidades que toda la comunidad nacional ha de afrontar hoy. Os invito, pues a todos, hombres de cultura "constructores de la sociedad", a ensanchar y consolidar una corriente de solidaridad que contribuya a asegurar el bien común: el pan, el techo, la salud, la dignidad, el respeto a todos los habitantes de Chile, prestando oído a las necesidades de los que sufren. Dad cumplida y libre expresión a lo que es justo y verdadero y no os sustraigáis a una participación responsable en la gestión pública y en la defensa y promoción de los derechos del hombre."[232]

Y luego en la CEPAL, acentuaba su idea de cultura solidaria que debe estar acompañada de una actitud de fondo, no puede ser solamente una declaración de intenciones sino que tiene que tender necesariamente al cambio de la estructura social, transformando todas las esferas e instituciones con una acción eficaz:

> "La solidaridad como actitud de fondo implica, en las decisiones económicas, sentir la pobreza ajena como propia, hacer carne de uno mismo la miseria de los marginados y, a la vista de ello, actuar con rigurosa coherencia.
>
> No se trata sólo de la profesión de buenas intenciones sino también de la decidida voluntad de buscar soluciones eficaces en el plano técnico de la economía, con la clarividencia que da el amor y la creatividad que brota de la solidaridad."[233]

En este mismo plano el papa establece su estima en la creación de formas alternativas de construir un modelo económico que respete profundamente la prioridad y dignidad de la persona humana y se solucionen las situaciones de desigualdad y miseria en la que viven millones de personas.

> "La situación de éstos está pidiendo medidas extraordinarias, socorros impostergables, subsidios imperiosos. ¡Los pobres no pueden esperar! Los que nada tienen no pueden aguardar

[231] Baste citar su viaje a República Dominicana en 1979 y 1992, México en 1979 y 1990, Zaire, Costa de Marfil, Francia, Brasil en 1980 y 1991, Suiza, España en 1982 y 1993, Costa rica, Guatemala en 1983, Ecuador, Perú en 1985, Colombia en 1986, Chile y Argentina en 1987, Uruguay, Bolivia, Paraguay en 1988, Estados Unidos en 1995.

[232] JUAN PABLO II, *Discurso ante los representantes de la cultura y los constructores de la sociedad,* Nº 9.

[233] JUAN PABLO II; Discurso ante la CEPAL, Nº 7.

un alivio que les llegue por una especie de rebalse de la prosperidad generalizada de la sociedad."[234]

Esta crítica radical a la economía neoliberal y su propuesta económica que considera al mercado como el mejor instrumento para satisfacer las necesidades humanas y que confía en el egoísmo individual como motor de justicia social, carece de aplicabilidad en la práctica.

Por ello, Juan Pablo II llama a la construcción de una economía solidaria. Esta economía de la solidaridad es un intento por impregnar de solidaridad todas las etapas del circuito económico. Se trata de introducir la variable solidaria en el concepto de economía. Cuando Juan Pablo II habla de "economía de solidaridad" está planteando la necesidad de introducir la solidaridad en la economía, de incorporar la solidaridad en la teoría y en la práctica de la economía.

"Creo que en esa economía solidaria ciframos todos nuestras mejores esperanzas para la región. Los mecanismos económicos más adecuados son algo así como el cuerpo de la economía; el dinamismo que les da vida y los torna eficaces -su "mística interna"- debe ser la solidaridad. No otra cosa significa, por lo demás, la reiterada enseñanza de la Iglesia sobre la prioridad de la persona sobre las estructuras, de la conciencia moral sobre las instituciones sociales que la expresan."[235]

Luis Razeto es uno de los impulsores de esta particular forma de hacer economía, la cual recoge el pontífice, y sobre la misma nos dice lo siguiente:

"Decimos introducir e incorporar solidaridad en la economía con muy precisa intención. Cuando estamos habituados a pensar la economía y la solidaridad como parte de diferentes preocupaciones y discursos, cuando llegamos a relacionarnos tendemos a establecer el nexo entre ellas de otro modo. Se nos ha dicho muchas veces que debemos solidarizar como un modo de paliar algunos defectos de la economía, de subsanar algunos vacíos generados por ella, o de resolver ciertos problemas que la economía no ha podido superar. así tendemos a suponer que la solidaridad debe aparecer después que la economía ha cumplido su tarea y completado su ciclo."

"Primero estaría el tiempo de la economía, en que los bienes y servicios son producidos y distribuidos. Una vez efectuada la producción y distribución sería el momento de que entre en acción la solidaridad, para compartir y ayudar a los que resultaron desfavorecidos por la economía y quedaron más necesitados. La solidaridad empezaría cuando la economía ha terminado su tarea y función específica. la solidaridad se haría con los resultados - productos, recursos, bienes y servicios- de la actividad económica, pero no serían solidarias la actividad económica misma, sus estructuras y procesos."

[234] Ibid.

[235] Ibid nº 7

"Lo que sostenemos es distinto a eso, a saber, que la solidaridad se introduzca en la economía misma, y que opere y actúe en las diversas fases del ciclo económico, o sea, en la producción, circulación, consumo y acumulación. Ello implica producir con solidaridad, distribuir con solidaridad, consumir con solidaridad, acumular y desarrollar con solidaridad. Y que se introduzca y comparezca también en la teoría económica, superando una ausencia muy notoria en una disciplina en la cual el concepto de solidaridad pareciera encajar apropiadamente."[236]

[236] RAZETO, Luis; Los camino de la Solidaridad, Editorial Vivarium, Santiago de Chile, 1993.

# CONCLUSIÓN

La Solidaridad se ha transformado en un asunto del que muchos podemos invocar para referirnos a nobles y sublimes sentimientos de desinterés, de apoyo, de ayuda y de cooperación. . También estoy cierto que representa un desafío hoy cuando asistimos a signos que oscurecen su correcta comprensión, vaciándola de contenido específicamente humano y haciéndola una actitud y una acción encubridora de situaciones de injusticia e interés. Pero también, desde la perspectiva del pensamiento, ella se ha vuelto un valor del que la reflexión cultural y filosófica se han hecho cargo demasiado tarde y del cual la ética y la antropología aún adeudan una reflexión más acabada.

¿Es posible hablar de solidaridad en un mundo que parece ser insolidario? ¿Tiene sentido seguir oponiendo a la realidad de injusticia, indiferencia, egoísmo, la solidaridad como posible solución al momento que nos aqueja? Los rostros de millones de personas a quienes les falta lo mínimo para sobrevivir, ¿puede ser la motivación necesaria para hacernos responsables de este dolor? El egoísmo individualista, propiciado por una ideología economicista, ¿puede llevarnos a recuperar los espacios de encuentro y colaboración mutua que necesitamos para reconocernos miembros de una gran familia; la familia humana? Los datos estadísticos son patéticos y no podemos abstraernos de ellos; se hace urgente propiciar una nueva cultura, una nueva economía, una nueva manera de concebir un ethos, ajeno a la indiferencia e individualismo que nos acecha. Se hace necesario reconstruir lo más original que hay en el hombre, sus fundamentos últimos que nos devuelva la confianza y por sobre todo, la empatía y la simpatía, tal como lo afirma Wojtyla, ante y frente al otro. Sólo si somos capaces de recuperar ese "Ser junto a otro", propio de la condición humana, podremos llamar al corazón humano sin el miedo a no ser escuchados.

¿Por qué hablar de la Solidaridad? Si notamos la presencia de una mentalidad utilitarista que reconoce en el esfuerzo individual el único sentido de la acción humana. Lo especial de la situación actual radica en que se multiplican las señales que indican que esta marcada estimación utilitaria no ha hecho más que acentuarse en un sistema-mundo que se articula en lógica economicista, que integra todo en clave precio-ganancia-utilidad, que erosiona el bien intrínseco de las actividades humanas y que amenaza con convertirlo todo en negocio, apuntando a promover un sujeto con incapacidad crítica y falta de iniciativa moral frente a un orden que en el privilegio de la mera funcionalidad no propicia, verdaderamente, ni la una ni la otra. Un orden que nos invita a sentirnos atraídos por el ethos de un modo de vida armonizado con el mercado mundial, que espera que cada ciudadano consiga, por ejemplo, la educación necesaria para convertirse en un empresario que gestiona su propio capital humano. Resulta desaconsejable hablar de solidaridad en un contexto socio cultural y económico, y por lo mismo político, donde reside la ausencia de la centralidad del otro. Esto se evidencia, por poner sólo un ejemplo, en el mundo de la política donde todo se transforma en ganancia, es decir, todo lo que se hace se hace con pretensión de satisfacer los deseos propios que se han propuesto como finalidad de algún determinado sujeto. Una sociedad midástrica que desea y busca que todo aquello que toque se convierta en oro, pero que con ello pierde el sentido de la cercanía y la proximidad.

## BIBLIOGRAFÍA

Vidal, Marciano; *Para comprender la Solidaridad*, Editorial Verbo Divino, Navarra España, 1996,

Parent, R.; *Teología de la praxis de la solidaridad*, Moralia 14 (1992)

Diccionario anaya de la lengua, Editorial Anaya, 1991, España.

Vidal, Marciano; *Justicia y Solidaridad en la ética social actual,* en Revista MORALIA, Volumen XV/nn. 57-58, 1993.

Nell Breuning, O. V.; Voz,"Solidarismo" en Sacramentum mundi, Tomo VI, Barcelona, 1978. Páginas 458-460.

Tischner, Josef.; Ética de la solidaridad, Editorial Encuentro, Madrid, 1983,

Eliacura, Ignacio Sobrino, Jon; Editorial Trotta, España, 1994.

Dussel, Enrique; "Debate en torno a la ética del discurso", en Sidekum; "Etica do discurso e filosofía de libertacao" Ediciones Unisinos, 1994.

Boff, Leonardo; *El cuidado esencial, ética de lo humano compasión por la tierra*, Editorial Trotta, Madrid, 2002.

Lebacqz, Karen; Justice in an unjust world, Traducción de Antonio Martínez R, Editorial herder, Barcelona, 1991.

Programa de las Naciones Unidas para el Desarrollo (PNUD); Revista Latinoamericana de Desarrollo Humano, http://www.revistadesarrollohumano.org

Programa de las Naciones Unidas para el Desarrollo (PNUD); Informe de Desarrollo Humano 2006, más allá de la escasez; poder, pobreza y la crisis mundial del agua, http://hdr.undp.org/hdr2006/pdfs/report/spanish/Pagesfrom08-Middlematter_ES-2.pdf

Banco Mundial; http://web.worldbank.org/WBSITE/EXTERNAL/BANCOMUNDIAL/NEWSSPANISH/0,,contentMDK:21400979~menuPK:51191012~pagePK:34370~piPK:34424~theSitePK:1074568,00.html

DE SEBASTIÁN, Luis; *Mundo rico, mundo pobre, pobreza y solidaridad en el mundo de hoy,* Editorial Sal Terrae, Santander, España, 1992.

http://devdata.worldbank.org/atlas-mdg/

http://www.wider.unu.edu/research/2006-2007/2006-2007-1/wider-wdhw-launch-5-12-2006/wider-wdhw-press-release-5-12-2006-SP.pdf. El estudio fue dado a conocer a la opinión pública el 05 de Diciembre de 2006.

Camacho, Ildefonso; *Práxis Cristiana,* Tomo III, Ediciones paulinas, 1986, España.

Garretón, Manuel Antonio; *Transformaciones sociopolíticas en América Latina,* en VV.AA. *cambio social y pensamiento cristiano en América Latina,* Ediciones Trotta, Madrid, España, 1993.

Prebisch, Raúl; *Hacia una dinámica del desarrollo latinoamericano,* FCE, Ciudad de México, México, 1971,

Sunkel, Osvaldo; *El subdesarrollo latinoamericano y la teoría del desarrollo,* Siglo XXI editores, Ciudad de México, 1970.

Arroyo, Gpnzalo; *Síntesis y reflexión sobre aspectos económicos del neoliberalismo*, en Revista "Persona y Sociedad", Volumen XIII, Nº 2, Agosto de 1999.

Pinto, Anibal; *América Latina, una visión estructuralista,* Ed. Facultad de Economía de la Universidad autónoma de México, s/f.

Calderón, Fernando Dos Santos, Mario; *Sociedades sin atajos, cultura, política y reestructuración económica en A.L.,* Editorial Paidós, España, 1995.

Cardoso, F.H.; "Estado y sociedad en América Latina", Ediciones Nueva Visión, Buenos Aires, 1973,

Zapata, Francisco; *"Ideal y política en América Latina",* Ed. El colegio de Méjico, Ciudad de México, 1997,

Ffrench-Davis, Ricardo; *"Macroeconomía, comercio y finanzas, para reformar las reformas en América Latina",* Mc Graw Hill Interamericana, 1999,

Mifsud, Tony; "Análisis ético del neoliberalismo", en Revista "Persona y Sociedad", Volumen XIII, Nº Santiago de Chile, agosto 1999.

Ramos, Joseph; *¿Somos todos neoliberales hoy? Un balance de las reformas estructurales neoliberales en América Latina,* en Revista *Persona Y Sociedad,* Volumen XIII, Nº 2, Santiago de Chile, agosto de 1999.

Camacho, Rincón, Higuera; *Práxis Cristiana, Tomo III, Opción por ala justicia y la libertad*, Ediciones paulinas, año 1986.

Camacho; *Diez preguntas sobre el neoliberalismo*, en revista Almogaren Nº 23, Diciembre de 1998,
Salvat, Pablo; *Orden espontáneo e individualismo de mercado (del mercado y sus señas de identidad*) en Revista *Persona y Sociedad* de la Universidad Alberto Hurtado, Volumen XIII, Nº 2, Agosto de 1999.

Fontaine, Arturo; Introducción al pensamiento de Fiedrich Hayek, en Revista Persona y Sociedad.

Hayek, Friedrich; Camino de servidumbre, Editorial Alianza, tercera reimpresión, Madrid, 1995.

Godoy, Oscar; *Hayek, Libertad y Naturaleza*, Revista de Estudios Públicos del Centro de Estudios Públicos de Chile, número 50, otoño de 1993.

Hayek; *El individualismo, el verdadero y el falso*; Revista de Estudios Públicos, número 22, otoño de 1986.

CELAM, IV Conferencia General del Episcopado Latinoamericano, nueva evangelización, promoción humana, cultura cristiana, Santo Domingo , 1992., Nº 178.

Tricot, Tito, Democracia de Mercado en América Latina en Revista *Reflexión y liberación*, Santiago de Chile, año 1996.pág. 56.

Garretón, M. A; *La democratización política en América latina y la crisis de paradigmas*, Leviatán, (43/44) 1994.

Josgrilberg, Ruy; *Ética y desarrollo*, en *Hacia una cultura de la Paz,* Editorial Nueva Sociedad, Caracas, Venezuela, 1989.

Macpherson; *La democracia liberal y su época*, Editorial Alianza, Madrid, 1976. pág. 95.

Camacho, Ildefonso, *Diez preguntas sobre el Neoliberalismo* en Almogaren, Nº 23 (1998) Págs. 45-76.
[1] Giddens, Anthony; La Tercera Vía, Madrid 1999.

Giddens, Anthony; Un mundo desbocado, los efectos de la globalización en nuestras vidas, Editorial Taurus, año 2004.

Castells, M,; *Más allá de la caridad, responsabilidad social de la empresa en la nueva economía*, en Cortina, Adela; Construir confianza, ética de la empresa en la sociedad de la información y las comunicaciones", Editorial Trotta, Madrid, 2003,

Comisión Económica para América Latina y el Caribe (CEPAL), Globalización y Desarrollo,

Mària i Serrano, Josep; La Globalización, en Cuadernos de Cristianismo i Justicia, Nº 103, www.fespinal.com

CELAM, *La Evangelización en el presente y en el futuro de América Latina, Documento de Puebla*, Conferencia Episcopal de Chile, 1979.

BERNING, Vincent; Gabriel Marcel, en, *La filosofía Cristiana en el pensamiento católico de los siglo XIX y XX,* Tomo III, Ediciones encuentro.

WOJTYLA, Karol; *El hombre y su destino*, Ediciones Palabra, Madrid.

CENTRO DE ÉTICA DE LA UNIVERSIDAD ALBERTO HURTADO; *Solidaridad, Informe ethos,* Nº 23, año 2002, Universidad Alberto Hurtado, Santiago de Chile.

POLO, Leonardo; Sobre la existencia Cristiana, Ediciones Universidad de Navarra S.A. Pamplona, España.

MIFSUD, Tony; Moral Social, Lectura solidaria del continente, Celam, Santa Fe, Colombia, 1994.pág. 255.

MARTINEZ, JULIO; El personalismo solidario de Juan Pablo II: convertir la interdependencia en solidaridad, UNICSI discusión papers, Nº 10, Enero de 2006.

MIFSUD, Tony; Moral Social, Lectura solidaria del continente, Celam, Santa Fe, Colombia, 1994.

RAZETO, Luis; Los camino de la Solidaridad, Editorial Vivarium, Santiago de Chile, 1993.

Printed by Books on Demand GmbH, Norderstedt / Germany